# Kiroi e la Grande Migrazione

www.battelloavapore.it

I Edizione 2008


15033 Casale Monferrato (AL) – Via G. del Carretto, 10
www.edizpiemme.it - info@edizpiemme.it



*Stampa:* Mondadori Printing S.p.A. - Stabilimento NSM - Cles (TN)

Maria Vago

# Kiroi e la Grande Migrazione

Illustrazioni di
Simona Bursi

PIEMME
Junior

# 1

# *Il Sacrificio Prima Del Tramonto*

LO SCIAMANO ALZÒ la Sacra Accetta. In quel momento un raggio di sole attraversò l'intreccio fitto dei rami. Il metallo mandò un bagliore di fuoco e calò con un guizzo sulla nuca del cinghialetto, che si afflosciò sulla Sacra Pietra con un breve grugnito.

– Accogli la nostra offerta, Spirito Della Foresta. Guarda questa Tribù con occhio benevolo e concedile un Luogo dentro il tuo immenso seno.

Tutt'intorno vibrava la luce rossa del tramonto. In silenzio, a capo chino, lo Sciamano aspettò che si spegnesse, dietro la scura cortina dei tronchi. Quando fu buio, fece un cenno e la gente della Tribù tornò senza parlare alle proprie capanne.

Il sacrificio quotidiano concludeva il

tempo del giorno e del lavoro. Ora era il tempo della notte e del riposo.

Kiroi, Shaati e Kerno avevano una capanna tutta per loro, una capanna piccola per starci bene al caldo, rivestita di pelli che Shaati aveva reso impermeabili spalmandole di grasso.

Kiroi alzò un lembo e chiamò:

– Ille! Ille!

Un cucciolo di volpe subito accorse al suo richiamo e si infilò strisciando dentro la capanna.

– Vedi? Già mi conosce – disse esultante.

– Non dovrebbe stare qui. Non è il suo posto, questo – borbottò Shaati.

– Perché no, Shaati? È il mio cucciolo! – esclamò Kiroi.

Shaati cercò lo sguardo di Kerno, perché l'uomo intervenisse a sua volta.

– Lascia stare, donna – disse allora Kerno. – Quando la volpe sarà cresciuta, troverà da sé la strada della Foresta.

Kiroi tornò a occuparsi del cucciolo. Lo accarezzò sulla pancia e si prese in cambio un morso che gli incise sulla mano quattro segni rossi. Sapeva che Kerno aveva ragione: la volpe l'avrebbe lasciato, un giorno.

Ma quel giorno era un tempo tanto lontano. Ora il cucciolo era lì, rannicchiato contro il suo fianco, morbido e tiepido.

Kerno sistemò meglio i pezzi di legno che fermavano le pelli. La Foresta, di notte, era il regno delle Bestie e degli Spiriti Persi. Shaati cantò a bassa voce il canto per invitare il sonno e i sogni belli e prima ancora che avesse finito, Kiroi aveva chiuso gli occhi e dormiva.

Di notte, la Foresta parlava una lingua fatta di fruscii e sospiri, schiocchi e singhiozzi, raspamenti e ululati. L'alba portava una lingua nuova: trilli, fischi e gorgheggi annunciavano che ancora una volta la Luce aveva strappato il mantello al Buio, che scappava via, vergognoso. Sarebbe tornato di lì a qualche ora, con un mantello nuovo. Ma il tempo del suo dominio stava per finire: le giornate si allungavano sempre più e la Notte si rincantucciava in un angolino sempre più stretto.

Un brivido scosse la terra. Un altro. Passi pesanti facevano tremare il pavimento e le pareti di pelli. E insieme il cuore di Kiroi. La Grande Bestia! Si avvicinava! Ringhi

cupi e soffi come tuoni riempivano il silenzio della notte. Perché nessuno si alzava a combatterla? La paura inchiodava tutta la Tribù ai propri giacigli. Anche Kiroi si sentiva paralizzato: testa, braccia, gambe... Il suo corpo era immobile e rigido, a parte il cuore impazzito. Il mostro si dirigeva proprio verso la loro capanna. Un sibilo, e nella parete di pelle si aprì uno squarcio. L'enorme zampa frugava l'aria. Finalmente Kiroi, con grande sforzo, riuscì a balzare in piedi, a fare scudo con il suo stesso corpo per difendere Kerno e Shaati. Il colpo lo lanciò lontano. La Grande Bestia nemmeno si chinò ad annusarlo. Cercava un altro.

– Kerno! Attento! – avrebbe voluto gridare Kiroi, ma il sangue che usciva dalle ferite aperte dagli unghioni affilati gli gorgogliava in gola, soffocandolo.

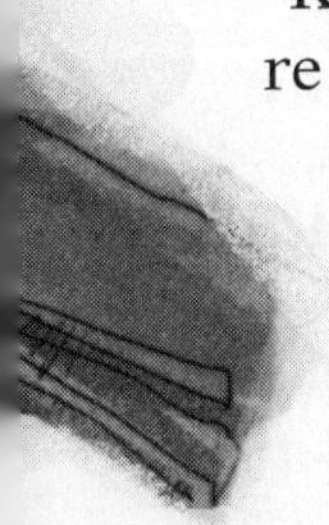

– Aaah! – gemette annaspando, e il suo gemito cacciò via finalmente il sogno spaventoso.

Shaati gli andò vicino e gli sussurrò dolci parole, affinché potesse ritrovare un sonno tranquillo. Ma ancora a lungo Kiroi restò sveglio, quella notte, con gli occhi spalancati e il cuore che martellava nel petto più veloce del becco del picchio.

Sapeva che le visioni della notte erano un dono dello Spirito Della Foresta. Che cosa aveva voluto dirgli? Perché proprio a lui? Di solito erano inviate agli anziani o più spesso allo Sciamano, perché guidasse la Tribù sui giusti sentieri, e non smarrisse il cammino. Lo Sciamano sapeva interpretare i sogni, ma Kiroi decise che non glielo avrebbe raccontato. Non ne avrebbe parlato a nessuno, nemmeno a Shaati. Sentiva che le parole per risvegliarlo davanti agli altri avrebbero risvegliato anche la sua paura. No. Avrebbe detto che la Notte, andandosene, si era portata via la visione. Succedeva, a volte. Allora finalmente i suoi occhi si chiusero e scivolò di nuovo nel sonno.

La Lingua Del Giorno svegliò Kiroi, Shaati e Kerno. Kerno scostò una pelle e una striscia di luce si precipitò dentro la tenda. Shaati lanciò un grido di dolore e di rabbia insieme. Il cucciolo di volpe era riuscito, chissà come, a raggiungere il sacco delle provviste appeso a una trave e aveva rovesciato tutto. Per fortuna i suoi dentini non avevano potuto lacerare gli involti di pelle e corteccia in cui Shaati aveva sistemato i loro viveri. Shaati afferrò minacciosa un pezzo di legno.

– Scappa, Ille! Scappa! – gridò Kiroi.

La volpe schizzò fuori, rotolò nell'erba ancora bagnata, si rialzò e corse a tuffarsi dentro una macchia di cespugli.

Kiroi pensò che era proprio un cucciolo intelligente. Sua madre lo fissava, ancora con il bastone in mano.

– Anch'io sono un cucciolo intelligente. Ho capito: devo sistemare tutto quanto – disse Kiroi e cominciò subito a raccogliere gli involti.

Shaati tolse dalla borsa decorata che portava alla cintura un grosso ago d'osso e si mise a ricucire il sacco.

– I figli della Foresta non possono vivere insieme agli uomini – borbottava. Quando ebbe ricucito il sacco, Kiroi l'aiutò a riempirlo.

– Qual è il nome dello Sciamano? – chiese Kiroi.

Shaati non si aspettava quella domanda.

– Quando uno è Sciamano, quello è il suo nome e non un altro – rispose a bassa voce.

C'erano parole da sussurrare appena: la gente della Tribù lo sapeva bene; anzi, meglio ancora era non pronunciarle. Altre poi erano proibite.

– Prima che diventasse Sciamano – insisteva Kiroi.

Shaati non lo sapeva. Lo Sciamano aveva visto molte migrazioni, molte più di quante ne avesse viste lei, Shaati. Cambiò discorso.

– Perché tu ti chiami Kiroi, lo so bene – disse.

– Perché? – chiese Kiroi, che aveva sentito quella storia già tante volte, ma ancora non si era stancato di ascoltarla.

– Perché quando tu nascevi, tuo padre, che stava pescando, vide sbucare dagli alberi un grande orso. L'orso si mangiò il pesce che Kerno aveva pescato e messo su un sasso, e poi tornò sui suoi passi. Tuo padre non aveva mai visto un orso così da vicino perché non è facile, per fortuna, incontrarne da queste parti. Corse a chiamare il suo amico Branak, che pescava poco lontano, e quando tornarono là dove l'orso era sbucato dalla Foresta, tuo padre vide che sul sasso al posto del pesce c'era un pezzo di favo gonfio di miele.

– Era il regalo dell'orso in cambio del pesce – precisò Kiroi.

– Proprio così. Per questo ti chiamammo con il nome dell'Antenato dell'orso: Kiroi, il Grande Solitario! – concluse Shaati.

– Io però un orso l'ho visto solo da lontano – disse Kiroi.

– Meglio così! – rise sua madre.

Non era più arrabbiata. Ille poteva tornare, forse. Kiroi prese un pezzetto di grasso e si avvicinò ai cespugli.

– Ille! Ille! – chiamò.

Il cucciolo di volpe non doveva essere lontano. Arrivò di corsa e si mangiò il grasso prendendolo delicatamente dalle dita di Kiroi, poi si mise ad annusare tutt'intorno.

– Ne vuoi ancora? – gli domandò Kiroi. – Credo che Shaati non sarà d'accordo.

Prese il cucciolo tra le braccia e lo riportò con sé al campo.

La visione della notte era un fiocco di nebbia, sospeso da qualche parte dietro i suoi occhi, lontano.

Shaati lo aspettava davanti alla loro capanna. Con lei c'era lo Sciamano. Lo Sciamano alzò il braccio e indicò il cucciolo di volpe con un dito ossuto.

– Lo Spirito Della Foresta vuole lui – disse a bassa voce.

Shaati chinò la testa. Prese il cucciolo di volpe dalle braccia di Kiroi e seguì lo Sciamano nella radura dei sacrifici. Misero Ille nella gabbia di giunchi che stava appesa al ramo più basso dell'Albero Che Regge Il Mondo. Al tramonto lo Spirito Della Foresta avrebbe avuto la sua offerta.

Shaati tornò a occuparsi delle sue faccende. Tutti gli altri, al campo, si occupavano delle loro faccende e i piccoli giocavano e ridevano.

Kiroi si nascose dietro un grosso ceppo: da lì poteva vedere Ille. La volpe un po' mordicchiava le sbarre e un po' guaiva piano, come a chiedere aiuto.

Le ore passavano lente. Kerno tornò dalla pesca, ma Shaati non chiamò suo figlio per aiutarla a pulire il pesce. Kiroi non si presentò nemmeno a mangiare.

Poco prima che il sole tramontasse, lo Sciamano prese il cucciolo di volpe e lo mise sulla Sacra Pietra. L'accarezzò più volte sulla schiena e Ille si abbandonò docile alla sua mano. Bastò un colpo leggero della Sacra Accetta. Il sangue bagnò la Sacra Pietra proprio nel momento in cui il sole tingeva di rosso tutta la Foresta.

Lo Sciamano fece cenno alla Tribù che poteva tornare tranquilla alle capanne. Ancora una volta lo Spirito Della Foresta aveva gradito l'offerta. Già si levavano le prime note del Canto Della Notte.

# 2

## *Tre pesci soltanto*

UN ALTRO GIORNO ANCORA, tutto nuovo, si offriva alla Tribù. Non appena fu sveglio, Kiroi sentì dentro di sé il sapore della tristezza e allora si ricordò di Ille, il suo cucciolo di volpe che lo Sciamano aveva offerto allo Spirito Della Foresta.

– Puoi venire con me a pescare – gli disse Kerno.

Kiroi prese una lancia e seguì suo padre. Attraversarono la radura e si inoltrarono nella Foresta. Kerno procedeva svelto, perché conosceva bene il sentiero e nemmeno alzava gli occhi a cercare i segni che indicavano la direzione da seguire. Camminarono a lungo. Kiroi non si era mai inoltrato tanto nella Foresta. La Foresta era un immenso dedalo di tronchi scuri, serrati gli uni contro gli altri. Qua e là si incontrava un albero abbattuto dal fulmine. Di tanto in tanto, una piccola radura disseminata di ceppi contorti apriva buchi di luce fioca. Per il resto la Foresta era buia: buia quasi come la Notte. Kiroi alzava gli occhi a cercare il cielo che faceva capolino lassù, lontano lontano, imprigionato tra le cime altissime. Continuava a inciampare.

– Guarda dove metti i piedi – lo rimproverò Kerno. – Nella Foresta devi camminare col capo chino, che è segno di umiltà. Se la onori, la Foresta ti aiuta.

Kiroi abbassò subito la testa. Il suolo era ingombro di radici e rami spezzati. Gli aghi formavano un soffice tappeto. Dopo un po', però, i suoi occhi tornarono a seguire i tronchi cupi e diritti, come lance che indicavano il cielo. E Kiroi ricominciò a camminare con il naso all'insù e a inciampare a ogni passo.

Intorno a loro l'aria era ferma e fredda. Da chissà dove arrivavano fischi e trilli di uccelli. Più vicini, frusciavano gli scoiattoli.

Improvvisamente Kiroi si trovò davanti un Albero Che Regge Il Mondo. Lo riconobbe subito, perché era così grande che di sicuro la sua cima arrivava fino al cielo e le sue radici sostenevano la terra. Ai piedi dell'enorme tronco, un sentiero era il segno della devozione degli uomini della Tribù. Anche Kiroi e Kerno ci girarono intorno tenendo una mano appoggiata alla corteccia; intanto mormoravano il saluto per gli Alberi Che Reggono Il Mondo.

Di nuovo si misero in marcia e poco dopo arrivarono al lago. Gli uccelli bianchi e azzurri, che sempre si aggiravano lungo le rive, si alzarono in volo strepitando. Kiroi dovette chiudere gli occhi, feriti dalla luce che veniva loro incontro. Il lago era una pozza azzurra circondata per metà da una cortina di tronchi scuri, che il riflesso dell'acqua moltiplicava. Kiroi si chinò e mise la testa tra le gambe.

– Che fai? – gli chiese Kerno.

– Guardo al contrario.

– E che cosa vedi?

– Quello che vedevo prima. Però non so più che cosa sta sopra e che cosa sta sotto.

Suo padre scoppiò a ridere e cominciò a preparare la lancia.

– Cosa c'è sotto la terra? – chiese Kiroi.

– Altra terra. E lunghe radici.

– E poi?

Kerno si strinse nelle spalle.

– Le radici dove finiscono? – insisté Kiroi.

– Forse non finiscono mai – disse Kerno.

– E sopra?

– Il cielo. Gli Alberi Che Reggono Il Mondo lo sostengono, così il cielo non cade.

– Sono tanti?

– Sì!

– E se uno muore? O lo spezza il fulmine?

– Subito lo Spirito Della Foresta ne fa crescere un altro e così il cielo non cade. Lo Spirito Della Foresta protegge la Tribù.

– Allora è uno Spirito buono?

– Sì.

– Si è preso il mio cucciolo di volpe.

Nella voce di Kiroi tremavano dolore e rabbia insieme.

Kerno fece un profondo sospiro.

– Ci sono cose che lo Spirito Della Foresta non deve sentire – spiegò. Parlava a voce bassa.

– Mi ascolta? – chiese Kiroi.

Suo padre annuì.

– Gli alberi hanno orecchie fini – sussurrò.

Kiroi girò lo sguardo tutt'intorno al lago. Un'ombra si nascose dietro un tronco. Tornò a guardare. Non c'era più. Si era sbagliato. Era facile sbagliarsi. Dopo un po' gli occhi si perdevano dentro tutti quei tronchi e la Foresta diventava un'unica, compatta massa scura.

Kerno entrò nell'acqua fino alle ginocchia. Con la lancia in mano, aspettava immobile che arrivasse il pesce, il muscolo del braccio già contratto, pronto a colpire. Solo tre volte scagliò la lancia e tre volte la riprese ornata della preda.

– Un tempo il lago era più generoso. Il padre di mio padre raccontava che quando lui era un ragazzo come te, i pesci saltavano fuori dall'acqua, tanti erano, e la gente della Tribù li acchiappava con le mani.

– Perché non è più così? – chiese Kiroi.

– Anche il lago si stanca e invecchia – sospirò Kerno.

– Allora cerchiamo un lago giovane – disse Kiroi. – Anch'io voglio provare a prendere il pesce con le mani.

– Non si può. Questo è il nostro Luogo e qui dobbiamo stare. Lo Sciamano sa bene quali sono i confini che non possiamo oltrepassare. Altrimenti lo Spirito Della Foresta si arrabbia. Andiamo, ora – aggiunse Kerno – o non saremo al campo prima del tramonto.

Raccolsero i tre pesci e le fiocine e si inoltrarono nell'ombra della Foresta.

# 3
## *La Lunga Festa*

KIROI ERA IL PIÙ GRANDE tra i piccoli della Tribù, però il suo posto era ancora tra loro. Ancora gli era permesso inseguire i cuccioli e giocare nel fango. Ma il suo gioco preferito, quello in cui nessuno era più bravo, era un altro. Si mettevano tutti in fila, sulla riva del lago, sollevavano le tuniche e cercavano di colpire una foglia che galleggiava, con l'acqua che usciva zampillando dal loro stesso corpo. Kiroi vinceva quasi sempre; anche il suo amico Raki arrivava lontano. Raki diceva che i laghi erano nati così, dal corpo dei Giganti, tanti anni prima. Non era vero: la vecchia Anaha, che conosceva le antiche storie, raccontava un'altra cosa. Quello era un gioco solo per i maschi piccoli. Alle femmine piccole non interessava. Loro preferivano occuparsi di pupazzi di legno dipinto o intrecciarsi i capelli con fiori e ghiande.

I giorni passavano veloci, riempiti dalle attività necessarie perché gli uomini e le donne della Tribù potessero mangiare, coprirsi e trovare riparo dal buio e dall'acqua. Per fortuna il Tempo Del Grande Freddo stava per lasciare il posto al Tempo Del Caldo. A dividerli c'era la Lunga Festa.

Quando fu il momento, lo Sciamano proclamò che la Lunga Festa poteva avere inizio. Le donne prepararono cibi e bevande e gli uomini liberarono da ceppi e rovi lo spiazzo erboso intorno al quale sorgeva il campo. Kiroi avrebbe voluto aiutarli, ma Kerno gli disse che doveva aspettare un'altra migrazione ancora, prima di potersi unire a loro. Allora Kiroi preparò gli ornamenti per le danze, cosa che toccava ai piccoli della Tribù. Intrecciò le fronde da mettere sulle braccia e sulle gambe e i cerchi per i polsi e le caviglie e le corone di rami fioriti da portare in testa. Poi aiutò Kerno e Shaati a dipingersi il volto con i colori dell'allegria.

La Lunga Festa cominciava sempre con il Canto Che Introduce Alle Danze. Lo Sciamano levò il suo bastone e tutta la Tribù, seduta in cerchio, intonò il canto. Prima piano, oscillando dolcemente, poi con voce sempre più potente. Improvvisamente esplose il suono dei tamburi. Uno dopo l'altro, uomini e donne si alzarono e si misero a danzare. Saltavano, dondolavano, scuotevano i bracciali, mentre il loro cuore batteva al ritmo dei tamburi. Il canto si allargava intorno al campo in cerchi sempre più ampi. Si infilava attraverso i tronchi, scivolava leggero sopra le cortecce scabre e vibrava lungo le radici fino a sprofondare nella terra. Diceva che lo Spirito Della Foresta aveva donato alla Tribù un Luogo dentro il suo immenso seno e la Tribù rendeva grazie allo Spirito Della Foresta ed esultava per il dono che era la sua stessa vita. Fin dove arrivava il canto, lì poteva arrivare anche la Tribù. Segni chiari, immutabili, delimitavano i confini; segni che lo Sciamano conosceva bene e difendeva con l'aiuto della sua magia.

Dopo molte ore di danza, uomini e donne erano stanchi e affamati. Si gettarono sui cibi e cominciò il banchetto.

Quando il ventre fu sazio, lasciò il posto a sua sorella: l'anima. Era giunto il momento del Racconto. Lo Sciamano, ancora una volta, raccontò del Mondo: usò le stesse parole dell'anno prima, non una di più non una di meno, perché le parole del Racconto sono tante quanti sono gli Alberi Che Reggono Il Mondo, e nessuna va dimenticata. Raccontò dei primi tempi, quando ancora il cielo schiacciava la testa degli uomini e gli uomini dovevano strisciare come le bisce, con il viso sempre prostrato a terra. Raccontò dello Spirito Della Foresta, di come cominciò a soffiare la vita dentro i semi. E dai semi uscirono gli alberi e crebbero, crebbero, crebbero... Misero fronde robuste, così robuste che sollevarono il cielo, e radici tenaci, così tenaci che abbracciarono la terra.

– ...e ancora cresceranno. Perché gli Alberi Che Reggono Il Mondo sono vivi per sempre.

Lo Sciamano si avvicinò al grande Albero Che Regge Il Mondo che svettava vicino al campo e si inchinò tre volte.

Nessuno poteva salire su quell'albero.

Kiroi guardò la cima che si perdeva tra le nuvole e sentì che la testa gli girava. Chissà com'era, la Foresta, da lassù!

«Mi piacerebbe essere un uccello» pensò, ma non disse niente, perché non si poteva interrompere il Racconto dello Sciamano.

Lo Sciamano stava ancora spiegando il Mondo.

– Il Mondo è una foresta immensa, dove gli alberi crescono fitti. E ci sono anche i laghi, che sono i pezzi di cielo rimasti imprigionati quaggiù. È il regno delle Bestie, ma c'è spazio anche per la Tribù, perché lo Spirito Della Foresta gradisce i doni della Tribù e le assegna un Luogo nel suo immenso seno.

Come sempre lo Sciamano concluse il Racconto con una Preghiera. Era una preghiera così antica che nessuno, nemmeno lo Sciamano, conosceva più il significato di quelle parole. Ma lo Sciamano le ripeteva tutte, una dopo l'altra, senza esitare, perché le parole della Preghiera sono tante quanti sono i fuochi che brillano di notte nel cielo. Se i fuochi dovessero precipitare, il Mondo intero brucerebbe in un enorme rogo.

Il tramonto incendiava l'aria. Lo Sciamano si affrettò a concludere la Preghiera e a sacrificare un cigno grigio.

La Lunga Festa era finita. Uomini, donne e bambini gettarono alcune fronde per spegnere il fuoco che bruciava in mezzo alla radura e poi dentro le capanne. La Lingua Della Notte annunciò che là fuori era il tempo delle tenebre, delle Bestie e degli Spiriti Persi.

Quando la Notte fu giunta a metà del suo corso, si levò la voce dello Sciamano.

– Sventura! Sventura! Sventura!

Lo Sciamano gemeva come chi vede nel sogno e non riesce a sfuggire a ciò che vede. Fino al mattino quel lamento si intrecciò al grido del gufo. L'alba spense l'uno e l'altro.

# 4

# *In marcia nella Foresta*

VENNERO I GIORNI dell'acqua. Grosse gocce di pioggia creavano una cortina liquida che quasi cancellava l'altra cortina di rami e tronchi che chiudeva la radura. Non si poteva andare nella Foresta e nemmeno giocare sulla riva del lago. Il tempo passava lento lento. Seduto sull'uscio della capanna, con un lembo di pelle rialzato a proteggerlo dalla pioggia, Kiroi scrutava tutt'intorno, cercando nella barriera d'acqua un varco attraverso il quale far passare lo sguardo. La pioggia, però, cadeva fitta e monotona. La sentiva battere il tempo sopra la sua testa.

– Ogni goccia è un tamburo, un tamburo piccolo piccolo – disse.

– Piuttosto è un piccolo dito che batte su un grande tamburo. E il tamburo è la nostra capanna – gli fece osservare Shaati.

– Quando smette? – chiese Kiroi, che era stanco di stare tutto il giorno accovacciato lì dentro.

– Presto – rispose Kerno.

– Speriamo – sospirò Shaati. Le pelli della copertura erano ben asciutte, ma il pavimento di terra battuta era umido e freddo.

– Dopo i giorni dell'acqua, la mia gola brucia e grida di dolore – si lamentò Shaati.

– Lo Sciamano preparerà per te la medicina – la rassicurò Kerno.

– Che cosa ci mette? – chiese Kiroi.

– Questo è un segreto dello Sciamano – rispose Kerno

– Lo Spirito Della Foresta gli parla e gli dice quali erbe deve cercare, e anche quando è tempo di raccoglierle – aggiunse Shaati.

– Perché lo Spirito Della Foresta parla proprio a lui? – chiese ancora Kiroi.

– Perché è lo Sciamano – rispose ridendo Shaati e riprese a masticare la pelle che aveva tra le mani, per renderla morbida.

– Che figlio curioso! Basta con le domande: aiutami a legare questa punta – disse Kerno. – Tieni ben stretto.

Kiroi strinse fino a sentir male alle dita e non pensò più allo Sciamano e ai suoi segreti.

Piovve per giorni e giorni. La radura era ormai un pantano. Poi le nuvole si diradarono e infine sparirono. Ancora però non si poteva uscire, perché dai rami scendevano gocce pesanti e tutta la Foresta risuonava di quel nuovo canto.

Finalmente giunse anche il giorno in cui la Tribù poté lasciare la radura e mettersi in marcia verso il Campo Estivo. Spogliarono le capanne dei loro vestiti di pelli, e legarono le pelli e tutto il resto sui bastoni per il trasporto. Con i bastoni sulle spalle, si misero in marcia. Tutti, anche i bambini e i ragazzi, avevano un carico da portare. Kiroi ne ebbe uno pesante, perché ormai si era fatto grande e robusto. Si mise in fila con gli altri. Prima di essere inghiottito dalla Foresta, si voltò a salutare un'ultima volta il Campo Invernale. Le capanne, tutte nude, sembravano neri scheletri.

«Chissà se ci tornerò» pensò Kiroi. Era uno strano pensiero: Kiroi sapeva bene che di lì a qualche mese la Tribù sarebbe tornata sui suoi passi per trascorrere nella radura il nuovo Tempo Del Grande Freddo. Avevano sempre fatto così: da prima ancora che lui nascesse, da prima ancora che nascesse Kerno. E sempre l'avrebbero fatto, perché così voleva lo Spirito Della Foresta. Lo Spirito Della Foresta parlava allo Sciamano, perciò lo Sciamano sapeva bene che cosa si doveva fare.

Fu una lunga marcia. Lo Sciamano apriva il cammino. Leggeva i segni che indicavano il Sentiero Giusto. Ogni volta che trovava un segno, lanciava un grido roco, che assomigliava al verso della cornacchia.

Uomini e donne tendevano l'orecchio, in attesa di quel grido che diceva alla Tribù: – Avanti! Non ci perderemo!

Le vecchie storie raccontavano di Tribù che si erano perse nella Foresta e ancora vagavano, fantasmi senza riposo.

Kiroi scrutava la penombra tutt'intorno. Sopra la sua testa i rami intrecciavano un tetto scuro. Qua e là, dove gli alberi erano più radi, si aprivano pozzi di luce opaca. Camminavano da molte ore, eppure a Kiroi sembrava di stare sempre nello stesso punto, perché intorno a lui non cambiava niente: file e file di tronchi scuri e sottili.

Improvvisamente si trovarono davanti un Albero Che Regge Il Mondo. Era impossibile non riconoscerlo. Era grandissimo, così alto che la sua cima si perdeva al di là di tutte le altre cime. Nessun albero osava crescergli vicino e le sue radici affondavano in un tondo tappeto di erba.

Lo Sciamano si inchinò e pronunciò la preghiera di benedizione.

– La Tribù è stanca. Fermiamoci qui, per la notte – propose Kerno.

Lo Sciamano lo guardò come si guarda chi dice una sciocchezza e insieme una bestemmia.

– Per la notte ci fermeremo dove ci siamo sempre fermati – replicò e alzò il bastone a dare l'ordine di rimettersi in marcia.

La lunga fila della Tribù riprese a snodarsi tra gli alberi come una biscia tra l'erba folta. Camminavano spediti, nonostante la stanchezza, perché il tramonto era vicino e già tingeva i tronchi della sua luce insanguinata. Lo Sciamano sacrificò in fretta due piccoli uccelli e di nuovo si mise in marcia. Ormai camminavano al buio, indovinando appena le sagome scure da evitare e senza nemmeno vedere dove mettevano i piedi. La Foresta già parlava la Lingua Della Notte.

Kiroi aveva paura. In ogni momento avrebbero potuto essere attaccati dalle Bestie oppure incappare in qualche Spirito Perso.

Finalmente sbucarono nella Radura Del Riposo Notturno. Deposero svelti i carichi, si avvolsero nelle pelli e si strinsero tutti vicini vicini. In mezzo misero il vaso d'argilla con le braci. Lo Sciamano avrebbe vegliato perché non si spegnessero e avrebbe invocato la protezione dello Spirito Della Foresta. A lungo si levò il suo canto sommesso che si mescolava al Canto Della Notte. Poi la sua voce tacque, perché anche gli occhi dello Sciamano avevano ubbidito al sonno.

All'alba la Tribù si rimise in cammino. Camminò un giorno ancora e poi un altro ancora e ancora, fino a quando non raggiunse il Campo Estivo.

# 5
## *Il Campo Estivo*

IL CAMPO ESTIVO era come l'avevano lasciato. Solo, le betulle che spuntavano qua e là nella radura erano un po' cresciute e i rovi si aggrappavano alle travi di legno delle capanne. Le capanne per l'estate erano molto più grandi di quelle per l'inverno e dentro ci stavano anche due volte le dita di due mani di uomini, donne e bambini. Kiroi, Kerno e Shaati si univano alla famiglia di Makkro e a quella di Ranko, che aveva sei figli e insieme facevano un gran chiasso. A Kiroi però piaceva stare in mezzo a tutto quel vociare. Gli piaceva, quando si svegliava di notte, stare a sentire Makkro che russava e la moglie di Ranko che parlava con i suoi sogni. Gli piaceva anche quando mangiavano all'aperto, seduti in cerchio intorno alle braci su cui si cuocevano i pesci.

C'era sempre qualcuno che raccontava storie dei tempi antichi o avventure di caccia.

Per cacciare, gli uomini usavano trappole fatte con corde intrecciate. Nascondevano le trappole nei punti in cui le prede dovevano passare per andare ad abbeverarsi alle pozze e, se erano fortunati, al loro ritorno trovavano nella rete anche più di una preda. A volte invece le Bestie li precedevano e agli uomini rimaneva solo qualche resto insanguinato. Però la Tribù viveva soprattutto di pesce. Nei laghi c'erano grandi pesci argentati, furbi e veloci. Bisognava avere una buona mira e il braccio pronto per infilzarli con la lancia. Kiroi si esercitava da molto tempo e ancora non era riuscito a prenderne uno.

Il Campo Estivo si trovava proprio sulle rive di un lago. L'estate precedente, però, il lago era stato avaro di pesci e Kerno e gli altri uomini avevano dovuto fare molti passi nella Foresta per trovare cibo sufficiente a sfamare la Tribù. C'erano stati giorni in cui non era avanzato un solo pesce da far seccare e conservare per l'inverno. Kiroi se lo ricordava bene. Anche Kerno, che disse: – Cerchiamo un lago più grande, generoso di pesci. Lì pianteremo il Campo Estivo.

Gli altri lo guardavano in silenzio; qualcuno faceva di sì con la testa; nessuno però osava dire che era d'accordo, perché sapevano che lo Sciamano si sarebbe arrabbiato.

E infatti lo Sciamano si arrabbiò.

– Questo è il nostro Luogo. È qui che ci vuole lo Spirito Della Foresta – gridò. – Non si deve disubbidire allo Spirito Della Foresta.

– Lo Spirito Della Foresta vuole forse che noi moriamo di fame? – replicò Kerno.

– Lo Spirito Della Foresta si vendica di noi. Che cosa sono le nostre offerte? Non bastano alla sua grandezza. Bisogna offrire di più. Allora ricambierà e sarà a sua volta largo di protezione e di doni.

Lo Sciamano si incamminò deciso verso la Foresta. I suoi passi, le sue spalle, la testa dicevano che la discussione era chiusa e che lui e lo Spirito Della Foresta erano molto arrabbiati. In silenzio, tutti si misero al lavoro. Bisognava ripulire dai rovi e dalle erbacce la radura, innalzare i graticci per far seccare il pesce e rivestire di pelli gli scheletri delle capanne.

Prima di sera il Campo Estivo era pronto. Si poteva dare inizio al grande banchetto in cui la Tribù consumava quanto era rimasto delle provviste per il viaggio. Kiroi era impaziente e contento di sedersi insieme a tutta la Tribù per il primo pasto all'aperto dell'estate. Più tardi la vecchia Anaha avrebbe cominciato a raccontare le antiche storie.

Durante il pasto si tornò a parlare del lago, ormai avaro di pesci. Anche Makkro era d'accordo con Kerno.

– Durante la marcia – disse – a meno di due giorni da qui, abbiamo superato un grande lago, dalla parte dove si spegne la luce.

– L'hai visto ? – chiese Grandak.

– No, ma ho sentito il canto degli uccelli bianchi e azzurri – rispose Makkro. – Ho sentito il canto di molti uccelli: questo significa che il lago è molto grande. E in un grande lago ci sono molti pesci.

– Sta arrivando lo Sciamano – li avvisò Kiroi.

Continuarono a mangiare in silenzio. Lo Sciamano prese il cesto con la sua parte e tornò ad accoccolarsi davanti alla sua tenda. Lo Sciamano viveva solo, in inverno e anche in estate, perché in ogni istante poteva andare a fargli visita lo Spirito Della Foresta e non era bene che ci trovasse un altro ospite.

La vecchia Anaha cominciò finalmente a raccontare una storia. Era una storia buffa, quella di Ciucko e del suo nuovo modo di pescare.

– Ciucko era un tipo molto pigro, così pigro che non scacciava le mosche dal naso per non fare la fatica di alzare il braccio; e se una zanzara lo pungeva, nemmeno si grattava! Naturalmente non gli piaceva per niente stare a mollo per ore, impugnando la lancia, pronto a colpire un pesce non appena si avvicinava a riva. «Che hanno quelli da guizzare tanto?» borbottava. «Non potrebbero muoversi più lenti? Sarebbe comodo aspettarli appoggiati alla lancia e poi con calma impugnarla e con calma scagliarla.»

Ma siccome i pesci non cambiavano abitudini e continuavano a muoversi veloci, Ciucko pensò che si doveva cambiare sistema di pesca. Pensa e ripensa, gli venne l'idea di pescare con il canto, invece che con la lancia. Forse i pesci erano come i bambini di poche lune, perciò bastava cantare loro una Canzone Del Sonno per vederli crollare addormentati.

– Ma i pesci stanno dentro l'acqua – obiettò il piccolo Raki. – Le canzoni lì non arrivano.

– Oh, sì che arrivano – gli spiegò Anaha. – Ciucko fece la prova. Mise la testa sott'acqua e si accorse che sentiva molto bene i suoni di fuori.

– Ma i pesci non hanno le orecchie – osservò Nashi.

– Però ci sentono lo stesso – replicò Anaha. – Ciucko fece anche quest'altra prova. Aspettò che un pesce fosse vicino, poi batté le mani e quello guizzò via spaventato. Aveva sentito il colpo anche senza le orecchie. Per molti giorni dunque Ciucko rimase seduto sulla riva del lago intonando una Canzone Del Sonno dopo l'altra. Come finiva? Che si addormentava! I pesci invece guizzavano più vispi che mai.

Tutti, compresi quelli che conoscevano già la storia, risero di Ciucko. Ma il meglio doveva ancora venire.

– Ciucko pensò allora a un altro modo – continuò Anaha. – Pensò ai funghi. Come sapete ci sono funghi buoni e funghi cattivi, funghi che danno vigore e altri che lo tolgono. Quel pigrone raccolse proprio dei funghi che spengono la vita e li gettò nell'acqua. I pesci li mangiarono e subito i loro movimenti si fecero lenti, lentissimi. A Ciucko bastò allungare il braccio per acchiappare il più grosso. Nessuno della Tribù però volle mangiarlo.

«Mangialo prima tu» gli dissero.

Ciucko lo arrostì sulle braci e poi cominciò a mangiarlo. Il pesce mandava un profumo delizioso. Dopo un paio di bocconi, anche Ciucko si muoveva lento, lentissimo: insomma, ancora più lento del solito. Finché crollò addormentato. E si addormentò anche il corvo sceso in picchiata a rubare quel bel bocconcino rimasto incustodito. Con il pesce nel becco, volò sopra un ramo; inghiottì un paio di bocconi e cascò giù addormentato.

«Il tuo sistema funziona» dissero gli uomini della Tribù a Ciucko, quando si fu svegliato. «Peccato che poi il pesce nessuno riesca a mangiarlo, perché subito lo cattura il sonno!»

Così Ciucko dovette rassegnarsi a pescare al solito modo, faticoso ma sicuro.

La storia faceva ridere. Kiroi però non si divertì: leggeva sul volto di Kerno e di Shaati che stavano pensando pensieri cupi. Lanciò più volte lo sguardo verso lo Sciamano. Se ne stava sempre accovacciato, borbottando parole che forse erano preghiere o forse maledizioni.

Quella notte, nella grande capanna, Kiroi sentì Kerno e Shaati che sussurravano tra loro, poi anche Makkro e sua moglie e Ranko si unirono a loro. Ashave, invece, la moglie di Ranko, parlava nel sonno con i suoi sogni.

All'alba gli uomini erano già intenti a pescare. In tutto il giorno non catturarono che dieci pesci, nemmeno tanto grossi. Shaati e Kiroi andarono a raccogliere bacche al limitare della Foresta e lì, sotto un cespuglio, Kiroi vide un leprotto. Si tuffò per acchiapparlo, ma quello fu più svelto di lui e scappò via saltellando. Dopo che fu abbastanza lontano per sentirsi sicuro, si fermò a guardare Kiroi con i suoi occhietti tondi.

«Potrebbe essere il mio nuovo cucciolo» pensò Kiroi e decise che gli avrebbe portato qualche tenera radice per farselo amico.

Radici per il leprotto però non ne rimasero. Se le mangiarono tutte gli uomini, le donne e i bambini della Tribù, insieme alle bacche e ai dieci pesci. E ancora il loro stomaco brontolava per la fame.

Il giorno dopo alcuni uomini decisero di andare a cercare un altro lago. Kerno e Makkro erano tra loro.

– Vengo anch'io – disse Kiroi.

– No – rispose Kerno.

– Perché?

– Può essere pericoloso – gli spiegò Kerno.

– Sono quasi un uomo – si vantò Kiroi.

– Sì, e ti prenderai cura di tua madre, se io non dovessi tornare – replicò Kerno.

Però sorrideva mentre lo diceva e Kiroi si sentì tranquillo: Kerno sarebbe tornato di sicuro.

– Chiedi allo Spirito Della Foresta di accompagnarci nel nostro cammino – disse Kerno allo Sciamano.

– Lo Spirito Della Foresta vi punirà – borbottò lo Sciamano e andò a rinchiudersi nella sua tenda.

# 6

# *L'Albero Che Regge Il Mondo*

KIROI RIMASE A GUARDARE il gruppetto degli uomini che partivano in esplorazione fino a quando non fu scomparso, inghiottito dalla Foresta.

Poi raggiunse di corsa i cespugli dove il giorno prima aveva raccolto bacche e radici insieme a Shaati. Aveva con sé il cesto per la raccolta, ma in verità pensava soprattutto al leprotto. Un fruscio: eccolo là. Il leprotto scappava saltellando sulle lunghe zampe posteriori. Come la prima volta, però, appena si sentì sicuro si fermò e rimase a fissare Kiroi, comodamente accucciato sulle zampe.

– Sei curioso, eh! – rise Kiroi. – Forse non hai mai visto un cucciolo d'uomo. Cioè, un uomo! – si corresse.

Mancava poco e l'avrebbero accolto nel

gruppo degli adulti. Kiroi si vedeva già davanti la scena del grande rito dell'Iniziazione. Toccava a lui la prossima volta. Avrebbe dimostrato di essere forte, leale e coraggioso. Gli avrebbero dato il Segno della Tribù e una lancia nuova, con il manico intagliato. E il nome segreto, da custodire nell'anima e non pronunciare mai.

Un altro fruscio lo risvegliò dalle sue fantasticherie. Il leprotto si era allontanato di qualche passo, ma ancora lo fissava con gli occhi tondi.

– Occhi lucenti! – esclamò Kiroi e subito capì che quello era il nome del leprotto.

– Occhi lucenti! – ripeté.

Il leprotto sparì dentro un ciuffo d'erba.

Kiroi decise che sarebbe tornato a trovarlo. Doveva assolutamente riuscire a mettere da parte qualche radice dolce. Agli altri piccoli però non avrebbe detto niente, nemmeno a Raki. Voleva un cucciolo tutto per sé.

«Sarà il mio nuovo cucciolo segreto» pensò.

Riempì velocemente il cesto di bacche mature e si avviò verso la radura dove c'era il Campo Estivo. Nel corso degli anni, la Tribù aveva disegnato nel terreno tutt'intorno una fitta rete di sentieri. Ne infilò uno a caso. La luce della radura riusciva ancora a farsi strada tra i tronchi. Vicinissimi correvano e saltavano gli scoiattoli; lontano risuonavano i colpi del picchio. Kiroi ricordava che nei pressi della radura c'era un Albero Che Regge Il Mondo. Però non sapeva esattamente dove. Se lo trovò davanti all'improvviso. Aveva il tronco grande almeno come dieci tronchi e, cosa che Kiroi non aveva mai notato prima, i rami partivano quasi da terra. Kiroi sentì il suo respiro calmo e vigoroso che muoveva l'aria tutt'intorno; sentì il tepore della corteccia scabra; sentì la vita brulicare tra le sue fronde.

Nessun albero e nessun cespuglio osavano crescergli vicino. L'Albero Che Regge Il Mondo svettava solitario e Kiroi riuscì a vedere la cima che ondeggiava a una distanza infinita sopra la sua testa, protesa a sorreggere il cielo.

E subito sentì un desiderio fortissimo di salire lassù, in mezzo al cielo.

«Chissà che cosa si vede, da tanto in alto?» si chiese. Sapeva che quella domanda l'avrebbe accompagnato durante i giorni a venire, in ogni momento, e l'avrebbe inseguito anche in sogno.

«È proibito.»

Il pensiero risuonò dentro di lui con la voce dello Sciamano.

– Che cosa? Che cosa è proibito? – gridò.

La voce dello Sciamano aveva già risposto alla sua domanda.

Kiroi sapeva bene, lo sapeva tutta la Tribù, che non si poteva salire su un Albero Che Regge Il Mondo. Sarebbe stata un'offesa gravissima per lo Spirito Della Foresta.

«Lo Spirito Della Foresta ti punirà e punirà anche tutta la Tribù. Ti distruggerà» lo minacciò la voce dello Sciamano.

La voce risuonava chiara dentro la sua testa. Trovò così buffo pensare con la voce dello Sciamano che dimenticò per un momento il suo audace desiderio. Ma quando alzò gli occhi sull'Albero Che Regge Il Mondo, di nuovo provò dentro di sé prepotente l'impulso di salire fin lassù.

«Forse non sarò distrutto» pensò. «Forse l'Albero Che Regge Il Mondo mi cederà un po' della sua forza.»

Kiroi allungò una mano. Lo sfiorò. Sentì l'energia che vibrava nelle sue fibre. Con un balzo afferrò il ramo più basso. I suoi piedi non toccavano più la terra.

«Chi mi protegge, ora?» si chiese un po' impaurito.

Ma l'invito dell'albero era più forte della sua paura.

Lo fermò un grido. Shaati! Era Shaati che gridava. E poi altre grida ancora arrivavano dal Campo Estivo.

Kiroi sciolse il nodo delle sue mani, che lo legava all'Albero Che Regge Il Mondo, e cadde al suolo. Si risollevò a fatica, perché si sentiva tutto intorpidito, e si mise a correre verso la radura.

# 7
## *La Grande Bestia*

GLI UOMINI, QUELLI CHE erano partiti alla ricerca di un lago generoso, erano tornati al Campo Estivo. Li circondava tutta la Tribù. Nessuno gridava più, però si levava alto il pianto di Shaati. Kiroi si fece largo correndo. Shaati era inginocchiata accanto a Kerno. L'avevano adagiato su una coperta di pelli. Aveva gli occhi chiusi e la tunica insanguinata. Sangue colava anche da un grande squarcio sulla fronte.

– Tuo padre è morto – gli disse Ranko.

– È stata la Grande Bestia. Le sue unghie erano lunghe come coltelli – disse Makkro.

E raccontò che la Grande Bestia era uscita da un groviglio di rovi e si era alzata in tutta la sua altezza proprio davanti a loro. Raccontò del fiato pestilenziale che usciva dalle sue fauci rosse, della sua voce potente che aveva ghiacciato a tutti il sangue nelle vene.

– Avanzò e la terra tremava sotto i suoi passi. Kerno afferrò l'ascia, ma non ebbe il tempo di scagliarla, perché la Grande Bestia aveva già calato la sua zampa possente. Poi lanciò il suo urlo di vittoria e sparì nella Foresta. A lungo nessuno poté muovere un passo, perché quell'urlo aveva paralizzato le nostre membra.

Così disse Makkro e tutti l'ascoltarono in silenzio, anche Shaati.

– Nessuno ha alzato il suo braccio a difendere mio padre? – gridò Kiroi.

– La Grande Bestia si sceglie da sé la vittima per il sacrificio. Nella Grande Bestia soffia lo Spirito Della Foresta. Onore alla Grande Bestia! –. La voce dello Sciamano suonava stridula perché l'ira la soffocava. – Dalla tua bocca escono ancora le parole sciocche dei cuccioli. Ma bada a te, o la maledizione ti colpirà – gridò rivolto a Kiroi.

Kiroi si inginocchiò accanto alla madre. – Se io fossi stato con Kerno – disse – l'avrei salvato.

– Come, come avresti potuto salvarlo, piccolo presuntuoso? – lo apostrofò lo Sciamano. – La Grande Bestia è invincibile.

– L'avrei scacciata con il Fuoco! – gridò Kiroi alzando la testa a sfidare lo sguardo duro dello Sciamano.

A quelle parole l'ira dello Sciamano traboccò come l'acqua da un otre troppo colmo.

– Il Fuoco! Il Fuoco! Il Fuoco! – ripeté levando le braccia al cielo. – Ha sempre fame, il Fuoco, e nessuna gabbia può imprigionarlo. Il Fuoco vuole divorare la Foresta e anche gli Alberi Che Reggono Il Mondo. E quando non ci saranno più Alberi Che Reggono Il Mondo, il Mondo crollerà.

La Tribù aveva paura del Fuoco. Ogni sera bisognava farlo morire. Solo lo Sciamano custodiva un po' di braci nella sua capanna, per la fiamma del giorno dopo.

Shaati intonò il canto funebre. Tutta la Tribù si unì a lei e a lungo nella radura risuonarono canti e lamenti.

Makkro e Ranko scavarono una buca profonda e Kerno venne sepolto con le sue armi e una borsa piena di cibo per essere bene accolto nel paese di Coloro Che Non Respirano Più. L'amuleto che aveva al collo, invece, lo diedero a Kiroi.

Poco dopo lo Sciamano chiamò Kiroi e gli disse: – È tempo di lasciare i piccoli e diventare un uomo. Basta parole vane e pensieri stolti.

Lo guardava con sospetto. Kiroi si chiese se l'aveva visto, mentre si aggrappava ai rami dell'Albero Che Regge Il Mondo.

Poi lo Sciamano cominciò la litania degli scongiuri.

Al tramonto i sacrifici furono due: uno per lo Spirito Della Foresta e uno per la Grande Bestia, che si era mostrata alla Tribù e reclamava la sua parte di vittime.

Tutti sentivano dentro la bocca il sapore della paura. Shaati piangeva piano.

# 8
# *Krallo l'Audace*

ORA KIROI USCIVA A CACCIARE e a pescare con gli uomini. Ancora lo Sciamano non aveva fissato il giorno della sua Iniziazione, ma la lancia di suo padre gli dava il diritto di unirsi agli adulti. Era duro camminare per ore nella Foresta e inoltrarsi tra i rovi per piazzare le trappole; e stare immobile con il braccio piegato, pronto a scagliare la lancia, e gli occhi incollati allo specchio liquido del lago per cogliere ogni guizzo d'argento. Kiroi quasi non si ricordava più del tempo in cui il suo pensiero andava ai giochi e ai cuccioli. Il cucciolo di volpe, però, non l'aveva dimenticato.

Di ritorno alla radura, lasciava le sue prede nella Capanna Del Cibo: erano ben poca cosa rispetto al bottino di Makkro e Ranko, ma Kiroi diventava ogni giorno più forte e la sua vista era sempre più acuta. Lo Sciamano poi divideva e dava a ciascuno una parte uguale.

Il tempo della luce si allungava e costringeva la Notte in un recinto ogni giorno più stretto. Prima del sacrificio del tramonto la Tribù, seduta in cerchio, ascoltava la vecchia Anaha. La vecchia Anaha conosceva le antiche storie, le Storie Dell'Alba Del Mondo e anche tutte le altre, quelle venute dopo e raccontate fedelmente da una generazione all'altra. Conosceva anche i nomi degli Antenati Da Non Dimenticare.

– Raccontaci di Krallo l'Audace – chiese un giorno Shaati.

– Sì – disse Kiroi, che non ne aveva mai sentito parlare. – È un bel nome, Krallo l'Audace!

– Ma ha fatto una brutta fine – borbottò la moglie di Ranko, che quella storia già la conosceva.

– Dunque Krallo l'Audace era un tipo coraggioso, proprio come dice il suo nome – cominciò la vecchia Anaha. – Aveva già dimostrato il suo coraggio alla Tribù in tanti modi, ma un giorno pensò che doveva fare qualcosa che lasciasse tutti quanti a bocca aperta.

– Per mangiare le mosche! – strillò uno dei bambini di Ranko e tutti risero.

– Un giorno, – continuò la vecchia Anaha – Krallo fece un pensiero che spaventò anche lui, tanto era audace: decise di salire in cima all'Albero Che Regge Il Mondo.

Un mormorio di disapprovazione si levò dal cerchio degli ascoltatori.

– Quale Albero Che Regge Il Mondo? – si informò Kiroi.

La vecchia Anaha fece un gesto vago. Non era quella la cosa più importante.

– Non disse niente a nessuno, perché aveva in mente di sorprendere la Tribù gridando il suo nome dall'alto dell'Albero Che Regge Il Mondo. Dunque cominciò a salire lungo il tronco. Si aggrappava ai rami, come aveva visto fare agli scoiattoli e scivolò una volta e un'altra ancora.

– E cascò giù – concluse Kiroi.

– Non cascò – lo contraddisse la vecchia Anaha. – Perché Krallo l'Audace si era legato una corda in vita e con quella si assicurava, ramo dopo ramo.

Si levò un mormorio di ammirazione: Krallo l'Audace era davvero audace e molto furbo.

– Man mano che saliva, Krallo si sentiva

sempre più sicuro e più orgoglioso. Non si accorgeva però che si stava facendo buio, perché un forte vento trascinava intorno all'Albero Che Regge Il Mondo nuvole scure.

– È male sfidare lo Spirito Della Foresta – sentenziò lo Sciamano.

– È male – ripeté la vecchia Anaha e continuò il suo racconto.

– Il cielo dunque era sempre più scuro e il vento più impetuoso. L'Albero Che Regge Il Mondo scuoteva forte i suoi rami, per liberarsi di quell'intruso, ma Krallo l'Audace non cascava perché aveva preso una corda robusta. Allora lo Spirito Della Foresta si arrabbiò davvero. Fece sentire la sua voce tonante e brontolò minaccioso. Krallo cominciava ad avere un po' paura, però non si fermava: la cima era lì a poche braccia da lui.

Tutti, anche quelli che già conoscevano la storia, ascoltavano con il fiato sospeso.

– Krallo continuò a salire. Improvvisamente dalle nubi nere uscì un fulmine. Lo Spirito Della Foresta aveva scagliato la sua lancia di fuoco con grande precisione e lo colpì. Così fu punito l'orgoglio di chi aveva osato sfidarlo.

– Così è e così deve essere – concluse lo Sciamano.

Kiroi abbassò lo sguardo. Era stata una sciocchezza pensare di arrampicarsi fino in cima all'Albero Che Regge Il Mondo. E non aveva nemmeno portato con sé una corda!

«Perché ti comporti ancora come un cucciolo» si disse, e il suo pensiero aveva la voce di Kerno.

La vecchia Anaha già raccontava un'altra storia. Kiroi si accoccolò più comodamente, sperando che non arrivasse troppo presto il tramonto. Da quando lo Sciamano aveva ucciso il suo cucciolo di volpe, il sacrificio allo Spirito Della Foresta gli metteva una gran tristezza. Tutti dovevano assistervi. Kiroi però chiudeva sempre gli occhi.

# 9
# *La Festa Della Luce Lunga*

LA FESTA DELLA LUCE LUNGA era il momento più divertente di tutto l'anno. Cadeva nel bel mezzo dell'estate quando la Notte, breve come un breve sogno, lasciava tanto tempo ai canti e alle danze prima di avvolgere tutto nel suo mantello nero.

Uomini e donne danzavano a lungo, senza mai smettere, se non per bere lunghe sorsate dell'Acqua Che Dà Vigore e mangiare in fretta grandi ciotole di bacche fermentate e miele. Lo Sciamano dava il segnale ai suonatori di tamburo perché battessero i ritmi giusti, uno dopo l'altro, così come voleva la tradizione.

Dopo la Danza Del Topo E Della Biscia D'Acqua, come sempre lo Sciamano intonò il Canto Del Fumo. I capifamiglia si sedettero in cerchio insieme a lui mentre gli altri formavano un secondo cerchio, più grande, intorno. Lo Sciamano passava a tutti, uno dopo l'altro, la Sacra Pipa: ognuno poteva tirare due boccate, non di più; poi la restituiva allo Sciamano. Così per tre volte, come voleva la tradizione.

Kiroi si sedette nel cerchio dei capifamiglia. Non era ancora stato invitato, ma usciva a caccia e a pesca con gli adulti, ora, e ogni giorno riportava qualcosa per la Capanna Del Cibo.

«Se lo Sciamano non mi offrirà la Sacra Pipa» pensò «prenderò la lancia di mio padre e la pianterò in mezzo al cerchio, così tutti capiranno che io sono qui al posto di mio padre, ucciso dalla Grande Bestia».

La lancia di Kerno era già pronta, vicino ai suoi piedi. Ma non ce ne fu bisogno. Lo Sciamano offrì anche a lui la Sacra Pipa e Kiroi aspirò il fumo con tutta la forza dei suoi polmoni. Al secondo giro fu meno impaziente e poté assaporare il gusto del fumo che gli saliva su fino alla testa e poi scendeva giù e si allargava dentro il suo corpo. Si sentiva gonfio, e leggero leggero. Dopo il terzo giro era un otre in cui galleggiavano i suoi pensieri. I pensieri si spezzavano, si mescolavano e ne nascevano di nuovi, che Kiroi non aveva mai pensato prima. Avevano la voce di Shaati, di Kerno e anche della moglie di Ranko, quando parlava nel sonno. Poi arrivò la voce dello Sciamano e cacciò via tutte le altre voci. Risuonava dentro di lui con il fragore del tuono e lo riempiva tutto e poi usciva traboccando dalle sue stesse orecchie, dagli occhi, dalla bocca. Kiroi si accorse che stava parlando con le parole dello Sciamano. Tutti parlavano con le parole dello Sciamano. Dal cerchio dei capifamiglia si levava un coro di voci compatto. Diceva:

*Onore allo Spirito Della Foresta, che parla allo Sciamano e guida la Tribù per sentieri sicuri. Ascolteremo la tua voce, o Spirito Della Foresta. Ascolteremo la tua voce, o Sciamano. Maledizione su di noi se non ti ascolteremo. Maledizione sulla Tribù se non onoreremo lo Spirito Della Foresta.*

Quando i capifamiglia si alzarono e si incamminarono verso la Foresta, Kiroi li seguì, orgoglioso di essere uno di loro. I suoi sensi coglievano quello che prima mai avevano colto con tanta intensità. La Foresta respirava intorno a lui, gonfia di vita e di potenza, e lo accoglieva protendendo le sue mille braccia. I tronchi sprigionavano un profumo acre e inebriante e le fronde gli sussurravano i loro segreti. Kiroi si trovò davanti all'Albero Che Regge Il Mondo, quello stesso che pochi giorni prima aveva pensato di conquistare. Lo riconobbe per via dei rami, bassi quasi fino a terra, e gli sembrò di ritrovare un amico. Lo Sciamano minacciava maledizioni e disgrazie e i capifamiglia lo ascoltavano prostrati con la faccia a terra. Kiroi invece si avvicinò all'albero e abbracciò stretto il grande tronco. Non riuscì a circondarlo tutto, tanto era grande. Appoggiò la guancia alla corteccia e sentì il suo tepore. L'Albero Che Regge Il

Mondo gli era amico. Kiroi scoppiò a ridere. Lo Sciamano lo guardava cupo, ma Kiroi continuava a ridere: non si era mai sentito tanto felice.

La Festa Della Luce Lunga non finiva con il tramonto. Quando calava la Notte, la Tribù, per un'unica volta all'anno, non si rintanava al sicuro dentro le capanne. Restavano invece tutti nella radura, per i riti di scongiuro contro i fuochi del cielo. Man mano che la Notte si faceva più breve, in cielo si accendevano i fuochi. Pochi, prima, poi sempre più numerosi.

Sdraiato sull'erba fresca, Kiroi pensava che i fuochi del cielo erano perfino più numerosi degli alberi della Foresta. Improvvisamente uno dei fuochi si staccò dal cielo e precipitò giù. Subito si levò il grido di dolore dello Sciamano. Kiroi invece gridò di meraviglia. Il fuoco si spense prima del suo grido. Ma poco dopo ne cadde un altro, e un altro ancora.

Una pioggia infuocata attraversava il cielo nero. Qualcuno si coprì la testa con le mani, a ripararsi. I più piccoli strillavano: anche Raki, che si vantava sempre di essere coraggioso!

Molti fuochi si spegnevano prima di arrivare sulla terra; non tutti, però. Lo Sciamano gemeva e innalzava preghiere allo Spirito Della Foresta.

– Fa' che il Fuoco Che Cade Dal Cielo non bruci le nostre capanne e nemmeno il Luogo di Foresta che la tua bontà ha assegnato alla Tribù – pregava lo Sciamano.

Kiroi guardava incantato lo spettacolo che si spiegava sopra la sua testa: era così bello che non lasciava posto per la paura.

La vecchia Anaha cominciò a raccontare del grande incendio che tanto tempo prima, prima ancora che lei nascesse, aveva divorato tutta la Foresta.

– La Tribù camminava in mezzo a tronchi anneriti e non trovava un Luogo dove fermarsi, perché tutto intorno era morte e desolazione. Anche gli uomini e le donne della Tribù cominciarono a morire; e i bambini, quasi tutti.

La vecchia Anaha sospirò tristemente al pensiero di tutti quei corpi che la Tribù lasciava lungo il sentiero.

– E poi? – chiese spaventato uno dei figli di Ranko.

– La Tribù piangeva e piangeva anche lo Spirito Della Foresta. Ci vollero le lacrime di molte generazioni perché dalla terra potessero di nuovo spuntare i germogli.

– Il Fuoco è il nemico della Foresta. Il Fuoco è il nemico della Tribù – gridò lo Sciamano, e tornò a borbottare preghiere e scongiuri.

Kiroi guardava il cielo attraversato dai fuochi e pensava a un'altra storia che aveva sentito dalla vecchia Anaha. La storia di un uomo (il nome non lo ricordava più) che tanti anni prima aveva messo in fuga la Grande Bestia disegnando nell'aria magici segni con un tizzone ardente. Anche Kerno gli aveva detto che la Grande Bestia, come tutte le Bestie della Foresta, aveva paura del Fuoco.

– Perché mio padre non ha portato con sé il Fuoco, quando è partito alla ricerca di un lago generoso? – chiese Kiroi.

Nessuno lo sentì, perciò nessuno rispose alla sua domanda.

# 10

# *Fame*

QUANDO SPUNTÒ L'ALBA, si levò anche il vento. Leggero, prima, poi sempre più forte. A tratti, trascinava con sé l'odore del fumo. Lo Sciamano annusava l'aria preoccupato. Per due giorni arrivarono al Campo Estivo ondate di fumo, ora chiaro ora più scuro. Il terzo giorno lo Sciamano disse che la Tribù doveva lasciare la radura e raggiungere un altro campo, più sicuro. Si misero in cammino portando con sé solo i viveri.

– Chissà se al ritorno ritroveremo le nostre belle capanne – sospirò triste la moglie di Ranko. – Almeno questa però me la prendo – disse e si arrotolò intorno alle spalle una coperta di pelli, perché Ashave era una donna freddolosa e se ne andava in giro avvolta nella coperta anche nella stagione della Luce Lunga.

Kiroi non aveva mai visto il Campo Di Riserva. Ci arrivarono dopo tre giorni di marcia

Non era un campo vero e proprio: piuttosto un isolotto in mezzo a un lago, unito alla terraferma da una striscia sabbiosa. Ci si stava stretti ed era tutto pieno di rovi e cespugli e giovani alberelli. La Tribù lavorò duramente per strappare rovi e cespugli; gli alberi invece non li toccarono, perché lo Sciamano disse che lo Spirito Della Foresta soffriva quando un albero veniva strappato dal suo immenso seno. Sull'isolotto c'erano anche dei sassi, che affioravano qua e là, perciò non era facile trovare un posto comodo dove sdraiarsi. Però il lago era più generoso di quello del Campo Estivo. La Tribù, dopo molto tempo, mangiò pesce fresco in abbondanza.

– Peschiamo dell'altro pesce – propose Makkro – e costruiamo i tralicci per farlo seccare.

– No – disse lo Sciamano. – Non ci fermeremo qui a lungo.

Annusava l'aria in continuazione, per sentire se il vento portava ancora con sé l'odore del fumo. Tendeva anche le orecchie, per udire qualche rumore lontano, ma nel lago entrava un torrente impetuoso e il suo rombo copriva ogni altro suono.

Il giorno dopo i pesci se n'erano andati; o se ne stavano nascosti, sommersi sotto la melma e il fango, dove l'occhio degli uomini non arrivava e nemmeno la loro lancia. La pesca fu povera, ma di nuovo ci fu cibo fresco per tutti.

E così il giorno dopo ancora.

Poi lo Sciamano diede l'ordine della partenza. L'aria ormai profumava solo di foglie e di resina. Non c'era più pericolo che il Fuoco Che Cade Dal Cielo li raggiungesse e li divorasse.

– Perché non ci fermiamo qui, invece? C'è più pesce, qui – disse Kiroi.

– Questo non è il nostro posto – gli spiegò Shaati.

– Qualcuno potrebbe fermarsi qui qualche giorno a pescare e poi raggiungere gli altri, carico di cibo – insisté Kiroi.

– La luce del tramonto riunisce tutta la Tribù – ripeté Shaati.

– Hai visto che cosa è successo a Kerno – sospirò la vecchia Anaha.

Kiroi si mise in fila con gli altri. Per un breve tratto seguirono il corso del torrente.

Era un torrente rumoroso e veloce come Kiroi non ne aveva mai visti.

– Dove va l'acqua del torrente? – chiese.

Ranko, che camminava davanti a lui, si strinse nelle spalle. – Lontano – rispose e aggiunse: – Il fiume sa bene dove andare, non cambia mai direzione e non torna mai sui suoi passi.

– Mi piacerebbe seguirlo e scoprire qual è la sua meta – disse Kiroi.

Makkro scoppiò a ridere. – A me invece piacerebbe avere un paio di calzari nuovi, senza nemmeno un buco! – esclamò.

Dopo altri tre giorni di marcia, i calzari di Makkro non stavano più insieme e, non appena furono tornati al Campo Estivo, Makkro li buttò nel lago scagliandoli lontano con tutte le sue forze.

La vita tornò a scorrere monotona, scandita dall'offerta, poco prima del tramonto, allo Spirito Della Foresta e riempita dalle mille occupazioni necessarie perché la Tribù avesse cibo e vestiti e riparo durante il tempo in cui la Notte faceva sentire il suo canto. Kiroi usciva a caccia e a pesca insieme agli uomini. Ogni volta imparava cose nuove. Ma venne il giorno in cui Kiroi tornò dalla pesca a mani vuote, e anche Makkro e Ranko e Kronio e tutti gli uomini della Tribù, anche i più esperti e abili. Nel lago non c'erano più pesci o, se c'erano, il lago li teneva tutti per sé, nascosti dove l'acqua era più profonda. La Capanna Del Cibo era quasi vuota.

– Il lago è vecchio e stanco – sospirava Makkro.

«Lo diceva anche Kerno» pensava Kiroi e pensava che Kerno si era messo in cammino per trovare un lago giovane e generoso, ma la Grande Bestia lo aveva fermato.

Un pomeriggio, dopo che da ore aspettava con la mano contratta sulla lancia, vide lo Sciamano che si accostava al lago e, soffiando sull'acqua una manciata di polvere gialla, pronunciava preghiere per convincerlo a offrire il suo pesce per nutrire la Tribù.

– O Sciamano, torniamo al Campo Di Riserva – lo pregò.

Lo Sciamano continuò a borbottare le preghiere senza nemmeno guardare il ragazzo.

– O Sciamano, perché non guidi la Tribù lungo sentieri che portano a laghi dove ancora nuotano i pesci? – insisté Kiroi.

Lo Sciamano finalmente lo fissò e Kiroi

sentì che lo Sciamano era suo nemico e che doveva guardarsi da lui, perché l'avrebbe attaccato come il falco attacca il passero.

Kiroi ripeté a Shaati le domande che lo Sciamano aveva lasciato senza risposta.

– Posso risponderti con le sue parole – disse Shaati – e le parole sono queste: nel Mondo tutto ha il suo Luogo. Se qualcuno cambia di posto, il Mondo crolla.

– È così? – chiese Kiroi.

– Perché no? – rispose Shaati. – Tu pensi troppo – aggiunse e gli accarezzò i capelli.

A Shaati dello sguardo cattivo con cui lo Sciamano gli aveva promesso guerra Kiroi non disse niente.

Quella notte nella capanna dello Sciamano risuonarono lamenti e colpi di frusta: lo Sciamano si fustigava e gridava il suo dolore per impietosire lo Spirito Della Foresta. Inutilmente. Lo Sciamano si fustigò anche il giorno dopo e il giorno dopo ancora. Le acque del lago rimasero vuote. Anche la Foresta misurava i suoi doni. Le forti piogge avevano rinverdito ogni zolla e creato mille rigagnoli, e gli animali, che non dovevano più spingersi lontano dalle loro tane per

bere, non cascavano più dentro le reti della Tribù. La Tribù provò la compagnia della fame. Era così grande, la fame, che furono costretti a intaccare le provviste destinate al Tempo Del Grande Freddo.

– Io raggiungo il Campo Di Riserva – disse Makkro un mattino. – Chi viene con me? Torneremo carichi di cibo.

Si fecero avanti Ranko, Kronio e Drako.

– No! Non è bene! Così dice lo Spirito Della Foresta! – esclamò lo Sciamano.

– La fame dei miei figli grida più forte della sua voce – replicò Kronio.

– Chi vi mostrerà il sentiero? La Foresta inghiotte chi profana il suo grembo – li avvisò lo Sciamano.

– I nostri occhi hanno visto abbastanza per guidare i nostri passi – disse Makkro.

I quattro uomini partirono, ciascuno con la sua lancia e una borsa vuota.

Al ritorno, qualche giorno dopo, erano solo tre e le borse erano quasi tutte vuote.

– Drako avanzava sempre più dentro l'acqua, a inseguire i pesci, e il lago se l'è preso – raccontò Ranko.

– Da quel momento non ci sono più state prede per le nostre lance – disse Makkro.

# 11
## *Il Giorno Dell'Iniziazione*

KIROI ASPETTAVA CON ANSIA il momento della sua Iniziazione. Era impaziente di portare la collana di zanne ricurve, che era l'ornamento degli uomini. Aveva dimostrato di essere pronto per il grande passaggio e sentiva dentro di sé il coraggio e la forza per superare tutte le prove, anche le più difficili. Erano gli anziani che decidevano la Grande Impresa: una prova segreta, che nessuno poteva conoscere all'infuori di chi doveva affrontarla. E poi, una volta superata, c'era il rito dei Colori, per raccontare a tutti che il cucciolo era diventato un uomo. Il bianco per la forza, il rosso per la tenacia, il giallo per il coraggio, mescolato con il nero della paura: perché se non c'è la paura non c'è nemmeno il coraggio.

Kiroi aspettava la decisione degli anziani.

Ma il tempo passava e nessuno si occupava di lui: i pensieri della Tribù non si allontanavano dallo stomaco vuoto, che ciascuno sentiva brontolare per la fame. Al collo Kiroi già portava l'amuleto di Kerno: decise che quello sarebbe stato il Segno per lui e che non ne serviva un altro. Aveva smesso di essere un cucciolo dal giorno della morte di suo padre. La collana di zanne ricurve rimase appesa dentro la capanna dello Sciamano.

Infine, Kiroi decise che era arrivato anche il momento della sua Grande Impresa. Non aveva mai smesso di pensarci, nemmeno nel sonno.

Lasciò la radura portando una corda robusta intorno alle spalle e raggiunse l'Albero Che Regge Il Mondo che cresceva vicino al campo.

Quando se lo trovò davanti, possente, gonfio di forza e di vita, sentì il cuore battergli forte. La cima appena si intravvedeva, alta a toccare il cielo, tra l'intrico dei rami frondosi. Appoggiò la fronte alla ruvida corteccia. Il tronco offrì alle sue narici un profumo tiepido e penetrante. Con un balzo afferrò il ramo più basso, come già aveva fatto il giorno in cui avevano riportato al campo il corpo dilaniato di Kerno. Il ricordo lo colpì come un colpo di lancia in mezzo al petto e per qualche istante rimase appeso penzoloni, come trasognato. Si riscosse quando sentì i muscoli delle braccia lamentarsi per lo sforzo. Le sue braccia gli chiedevano di decidere in fretta: poteva lasciare la presa e rinunciare un'altra volta, e per sempre; oppure poteva comandare al suo corpo tutto intero di issarsi sul ramo e vivere la Grande Impresa che tocca a chi passa per il rito dell'Iniziazione.

Kiroi si diede una spinta vigorosa con la schiena e si aggrappò anche con le gambe; un'altra spinta e si mise a sedere a cavalcioni sul ramo. Aveva preso la sua decisione.

Si sfilò la corda dalle spalle e la gettò di sotto, tra l'erba. Krallo l'Audace aveva avuto una bella idea, ma lui, Kiroi, non voleva usare l'astuzia per misurarsi con l'Albero Che Regge Il Mondo.

Salire non era difficile. L'Albero Che Regge Il Mondo gli offriva i suoi rami uno dopo l'altro e Kiroi si allacciava fiduciosamente a quelle braccia robuste. Ora capiva la gioia dello scoiattolo. Man mano che saliva, i rami diventavano più fitti e sottili. In alcuni punti Kiroi doveva insinuarsi tra l'uno e l'altro e strisciare. Aveva le braccia e le gambe coperte di graffi, e anche il viso.

Si muoveva! L'albero si muoveva!

Kiroi sapeva bene che il vento scuoteva i rami e aveva visto le cime agitarsi durante il temporale. Però quando sentì che il tronco che teneva stretto tra le braccia oscillava avanti e indietro scricchiolando, si spaventò. Gli sembrava che l'Albero Che Regge Il Mondo si fosse messo in cammino e che lo stesse portando via con sé. Poi capì che l'albero era fermo al suo posto e solo la cima si piegava pericolosamente. Sotto di lui, gli alberi più bassi si agitavano come un lago increspato dal vento. Quella distesa verde in movimento gli offuscò la vista. Gli stava succedendo qualcosa che non gli era mai accaduto prima: la testa gli girava, in gola la nausea lo soffocava; un sudore freddo lo bagnò tutto quanto. Distolse gli occhi da quel brulicare, e si mise a fissare il pezzo di corteccia che aveva davanti a sé. Studiò le scaglie minuscole perfettamente incastrate l'una con l'altra, seguì il disegno regolare del colore, un po' chiaro e un po' scuro. Poi fissò le gocce di resina fino a quando sentì che il ritmo del suo respiro tornava regolare e il sangue scorreva di nuovo dentro le sue membra.

Allora ricominciò a salire e si fermò soltanto quando il tronco divenne così sottile che a stento avrebbe potuto reggere il peso del corvo. La cima svettava appena sopra la sua testa: era arrivato.

«Ce l'ho fatta» pensò e una calda vampa d'orgoglio lo avvolse tutto. Respirò a pieni polmoni l'aria fresca e leggera. La testa gli girava ancora un po'. Kiroi rimpianse per un momento di non aver portato con sé la corda, come aveva fatto Krallo l'Audace. Alzò gli occhi a scrutare il cielo, per vedere se c'erano nuvole minacciose, perché pensando a Krallo l'Audace aveva pensato anche al fulmine che scende dal cielo a incenerire chi osa sfidare lo Spirito Della Foresta. Il cielo era tutto azzurro: una distesa di luce accecante. Kiroi cercò il sole, ma subito dovette distogliere lo sguardo. I suoi occhi, abituati alla penombra della Foresta e alla luce verde che galleggiava sopra la radura, erano feriti da tutto quel bagliore e piangevano lacrime salate che gli bruciavano la faccia. Ci volle un bel po' prima che tornassero asciutti. E finalmente riuscì a vedere ciò che si trovava sotto di lui.

«Proprio come un uccello!» si disse Kiroi. Ora capiva anche la gioia dell'uccello.

«Ecco com'è il Mondo» pensò. «L'uccello lo sa. Un'immensa distesa di verde e, qua e là, grandi laghi azzurri.»

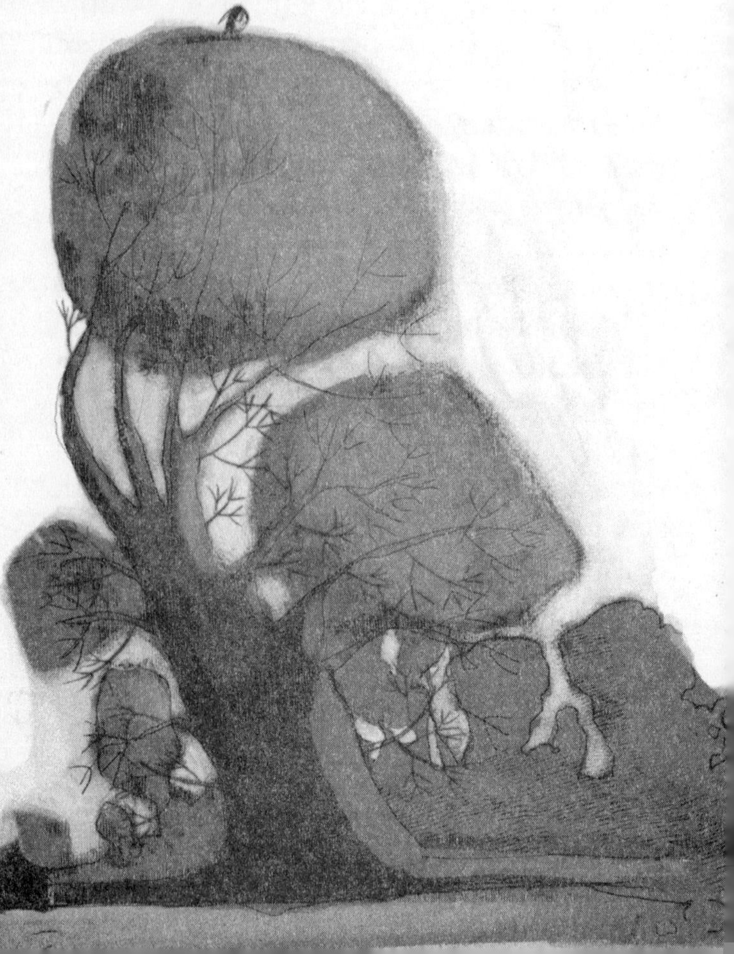

Kiroi li vedeva, in realtà, piccoli come la mano di un bambino, ma indovinò che dovevano essere grandissimi, se riusciva a scorgerli da così lontano. Erano distanti molto più di un giorno di cammino. Il lago della loro radura, anche quello del Campo Estivo, era solo una pozzanghera al confronto. Lo Sciamano forse non lo sapeva, che c'erano laghi così grandi. Kiroi decise che doveva dirglielo, e anche a tutta la Tribù. Poi però pensò che era meglio se non raccontava a nessuno della sua Grande Impresa del Giorno Dell'Iniziazione. Prima di scendere si guardò intorno ancora una volta e quello che vide lo lasciò senza fiato. Più lontano di tutto, se dava le spalle al sole, c'era un lago immenso, un lago che non finiva mai.

– Chissà quanti pesci, là dentro! – esclamò Kiroi. – Se la Tribù vivesse sulla riva di quel lago infinito, non avrebbe mai fame.

Forse era quello il lago che cercava Kerno.

Kiroi cominciò a scendere. Scendere era più difficile che salire. Doveva lasciarsi penzolare e cercare con i piedi un appoggio più basso, che a volte c'era e a volte invece no, e allora bisognava tirarsi su di nuovo e provare da un'altra parte.

Improvvisamente scivolò. Allungò il braccio e incontrò un ramo sottile, che si piegò sotto il suo peso fin quasi a spezzarsi. Kiroi oscillava insieme al ramo. Sentiva le dita che si intorpidivano e le gambe sempre più pesanti. Con un grande sforzo riuscì ad aprire una mano e a portarla un poco più avanti, poi la richiuse saldamente. Poi aprì l'altra mano. Ogni movimento gli costava una fatica immensa, perché doveva costringere il suo corpo a ubbidirgli.

«Avanti! Avanti!» si diceva Kiroi.

Ma un'altra voce dentro di lui (eppure era sempre la sua) gli diceva: «Lasciati andare! Volerai come un uccello! È facile!».

Dovette fare un grande sforzo per non darle ascolto.

Quando raggiunse un ramo più sicuro, era stanco come se avesse fatto la lotta con uno molto più grosso di lui. Ricominciò a scendere, lentamente, aggrappato stretto al tronco. Guardò giù per vedere quanto ancora era distante da terra e di nuovo lo prese la nausea e un gran caldo l'avvolse. Ora però sapeva come fare. Guardò un pezzetto di corteccia davanti a sé e lasciò che il respiro si calmasse. Finalmente arrivò al ramo più basso. Con un salto fu a terra.

Kiroi affondò la faccia nell'erba e restò così a lungo. Tanti pensieri e tante domande si mescolavano nella sua testa e si scontravano, anche. Se fosse stato ancora un cucciolo, si sarebbe messo a piangere. Ma quel giorno, senza che la Tribù lo festeggiasse, Kiroi aveva vissuto la sua Grande Impresa del Giorno Dell'Iniziazione ed era diventato un uomo. E gli uomini della Tribù non piangevano.

# 12
## *L'attesa*

KIROI DECISE CHE non avrebbe detto niente della sua Grande Impresa, nemmeno a Shaati. Però era difficile comportarsi come al solito, come se non fosse successo nulla, perché invece era successo qualcosa di molto importante e Kiroi sentiva di essere cambiato. Gli ci volle un po' di tempo per abituarsi a questo nuovo Kiroi. Shaati doveva essersi accorta di quel cambiamento, perché lo scrutava a lungo; però non gli faceva domande.

Kiroi invece aveva un gran numero di domande che gli frullavano dentro la testa e chiedevano una risposta. Lo Sciamano stava schiacciando con un pezzo di legno delle erbe, dentro un sasso con un buco nel mezzo. Kiroi si accovacciò vicino a lui.

– Il pensiero che ronza dentro la testa è

più noioso del moscone – sentenziò lo Sciamano.

– Dentro la mia testa ronza una domanda – precisò Kiroi. – E la domanda è questa: dove finisce la Foresta?

– La Foresta non finisce mai! – esclamò lo Sciamano.

– Dov'è mai? – chiese ancora Kiroi.

Lo Sciamano alzò la mano che brandiva il legno e lo ammonì: – Ci sono pensieri che non si devono pensare, perché sono sentieri che non portano da nessuna parte e l'anima si smarrisce. Scacciali.

Lo Sciamano tornò a schiacciare le erbe.

Allora Kiroi rivolse le sue domande ai più anziani della Tribù, che avevano i capelli bianchi e molte migrazioni sulle spalle. Voleva sapere se c'erano tanti Campi Di Riserva e se in altri tempi, lontani, il lago si era stancato di donare il pesce e la Tribù aveva sofferto per la fame. E voleva sapere dove andavano i corsi d'acqua e se la Tribù seguiva sempre lo stesso cammino nelle sue migrazioni tra il Campo Estivo e il Campo Invernale. Gli anziani però non avevano ricordi precisi. Migrazioni, carestie, alluvioni: tutto si mescolava dentro un tempo dove ogni giorno portava con sé i medesimi gesti e li cancellava poi con il Sacrificio Prima Del Tramonto. La penombra della Foresta avvolgeva anche i loro pensieri e solo qua e là emergevano ombre indistinte: un figlio morto bambino, divorato dalla febbre, l'incontro con l'orsa e i suoi orsacchiotti, un rogo lontano che per molti giorni aveva incendiato il cielo...

Kiroi ascoltava pazientemente, ma non trovava risposte per le domande che continuavano ad affiorare nella sua mente, come i pesci morti nel lago.

– Il figlio di Kerno è troppo curioso – lo rimproverò Shaati. – Non è bene.

Era pallida e magra, come tutte le donne della Tribù. La fame le stava consumando.

Gheesha, che aveva il grembo occupato da un bambino nuovo, non aveva abbastanza forza per dare alla luce suo figlio e a nulla servivano le invocazioni alla Luna. Neinhe non aveva più latte e i suoi gemelli morirono uno la sera e uno la mattina dopo. Ogni notte lo Sciamano si fustigava fino a far scorrere il sangue, ma questo non bastava a placare lo Spirito Della Foresta.

Avevano cominciato a cibarsi delle rane.

– Le bisce mangiano le rane. Quando gli

uomini mangiano le rane, poi mangiano anche le bisce e poi muoiono – aveva sentenziato la vecchia Anaha.

Lei non mangiava rane perché non voleva sentirsele saltare nella pancia.

– Preferisco morire di fame, piuttosto che avere rane nella pancia – ripeteva.

Sotto la sua pelle rugosa già affioravano le ossa.

– Prima di morire, raccontami ancora una volta la storia di Krallo l'Audace – le chiese Kiroi.

La vecchia Anaha l'accontentò e poi gli raccontò tutte le storie che conosceva che parlavano di chi aveva osato violare un Albero Che Regge Il Mondo.

Molti non erano nemmeno riusciti a raggiungere la cima ed erano precipitati giù, sfracellandosi al suolo. Tutti comunque erano morti.

– Subito? – chiese Kiroi.

– Subito oppure dopo un po' di tempo – rispose la vecchia Anaha. – Secondo quello che decide lo Spirito Della Foresta.

Kiroi aspettava che lo Spirito Della Foresta decidesse di punirlo con la morte. Poteva succedere in ogni momento. Come? A quello Kiroi non pensava. Lo Spirito Della Foresta aveva mille modi per vendicarsi di chi osava offenderlo: così dicevano i racconti della vecchia Anaha. Lo Spirito Della Foresta però fece qualcosa che Kiroi non si aspettava. Si prese la figlia di Lehene.

Madre e figlia si erano allontanate dalla radura per raccogliere bacche. Le donne si spingevano ormai anche là dove gli alberi erano così fitti che dal cielo pioveva solo qualche lama di luce. Lehene aveva trovato un cespuglio ben carico e raccoglieva pazientemente una bacca dopo l'altra. La sua bambina la seguiva, fermandosi a mangiare quelle che riusciva a raggiungere con le sue corte braccia. Un soffio! Lehene si voltò in tempo per vedere un grosso lupo grigio che spariva tra i tronchi trascinando con sé sua figlia. Lehene era tornata al campo tremando, con gli occhi sbarrati e la bocca spalancata in un grido muto. Il dolore le aveva rubato la voce. Gli uomini trovarono nella Foresta le tracce di un grosso Escluso.

– Gli Esclusi sono i più pericolosi – spiegò Makkro. – I lupi che si allontanano dal branco diventano molto astuti e non temono nulla, nemmeno le armi della Tribù.

– Io dico che anche gli Esclusi, come la

Grande Bestia, temono il Fuoco – disse Kiroi. – Se ognuno portasse con sé un pezzo di Fuoco, potrebbe camminare sicuro nella Foresta.

– E come potremmo portare con noi un pezzo di Fuoco? – gli chiese la moglie di Ranko.

– Dentro un vaso di argilla. E il vaso appeso a un bastone, perché non bruci le mani – le spiegò Kiroi. Era chiaro che ci aveva pensato tanto.

– Pensieri sciocchi partoriscono sciocche parole. Ascoltate me invece! – urlò lo Sciamano e alzò il Bastone Sacro, perché quello che stava per dire gli veniva dallo Spirito Della Foresta.

– Lo Spirito Della Foresta è offeso. Una grave colpa è stata commessa dalla Tribù. Lo Spirito Della Foresta punisce la Tribù. Lo Spirito Della Foresta prende da sé quello che la Tribù non gli offre.

– Lo Spirito Della Foresta vuole forse i nostri figli? – gridò Shaati.

– Una grave colpa è stata commessa – ripeté lo Sciamano.

«Io! Io l'ho offeso!» gridò la voce di Kiroi dentro la sua testa, ma la sua bocca rimase serrata.

# 13
## *Pensieri nuovi*

KIROI ASPETTAVA CHE lo Spirito Della Foresta lo punisse scagliandogli contro dal cielo la sua lancia di fuoco. Ma i giorni passavano e il cielo, quel lembo di cielo che la Tribù poteva vedere sopra il lago, rimaneva sereno. Allora Kiroi cominciò a pensare pensieri che lo spaventavano anche se parlavano con la sua stessa voce.

«Non c'è nessuna punizione per chi sale sull'Albero Che Regge Il Mondo» pensava. «Quello che dice lo Sciamano non è vero.»

Dapprima la sua audacia lo lasciò un poco stordito. Poi si abituò a quei pensieri nuovi e con nuovi occhi si guardò intorno. Vide che la Tribù era legata da leggi che portavano fame e paura. Vide che il Sacrificio Prima Del Tramonto si prendeva il cibo della Tribù e che le antiche tradizioni ne incatenavano i passi intorno a poche pozze gelose dei rari pesci che ancora custodivano. Vide che il timore impediva di sconfiggere la Grande Bestia, i lupi e le altre fiere. Vide che la Foresta era più onorata degli anziani che avevano i capelli bianchi e molte migrazioni sulle spalle.

La fame non offuscava i suoi pensieri, li rendeva invece agili e acuti. Aggrappato all'Albero Che Regge Il Mondo, mentre oscillava nel vento insieme alla cima possente, Kiroi aveva visto che il Mondo non era un recinto ombroso chiuso da tronchi fitti, ma una vasta distesa piena di luce, di aria, di acqua.

La fame intanto divorava uomini, donne e bambini. Una mattina si prese la vecchia Anaha, che non voleva avere le rane nella pancia. Se la prese mentre raccontava la storia di Ukru, l'Antenato che parlava la lingua degli scoiattoli e poi se la dimenticava dopo una sbornia di bacche fermentate. Era arrivata al punto in cui Ukru, ubriaco, si addormenta sotto il nocciolo, quando anche lei chiuse gli occhi, e non li riaprì più.

Poi toccò al figlio secondogenito di Ranko, che era più debole dei suoi fratelli e si stancava perfino a mangiare e così gli altri si prendevano anche la sua parte. Poi se ne andò Lehene e poi Kundra, che non aveva più capelli e anche da morto la sua testa pelata faceva un po' ridere.

Mentre tutta la Tribù era ancora riunita per il rito funebre, Makkro si fece avanti e disse: – Bisogna trovare un lago generoso, altrimenti moriremo tutti.

– Kerno ci ha provato e la Grande Bestia lo ha ucciso – gli ricordò lo Sciamano. – La Grande Bestia ucciderà tutti quelli che oseranno sfidare lo Spirito Della Foresta. C'è qualcuno che vuole provarci ancora?

Nessuno si fece avanti. Nessuno sapeva che cosa fare.

– La morte che è venuta ad abitare nella radura è il messaggero che lo Spirito Della Foresta manda alla Tribù – disse lo Sciamano. I suoi occhi bruciavano dentro la faccia pallida e ossuta; la schiena e le braccia erano coperte di lividi e tagli.

– Che cosa dice lo Spirito Della Foresta? – chiese Makkro.

– La fame dello Spirito Della Foresta è più grande di quella della Tribù – rispose lo Sciamano. – Lo Spirito Della Foresta chiede quello che la Tribù ha di più prezioso.

– Io so che cosa vuole – lo interruppe Ashave, la moglie di Ranko. – L'ho capito da un pezzo. Vuole i nostri figli.

Lo Sciamano fece di sì con la testa.

– Non li avrà – gridò Shaati.

– Se li prenderà – sospirò Nashi.

Kiroi si alzò in piedi.

– Io lascerò la radura e troverò un lago generoso di pesce e un altro Luogo generoso di prede per la Tribù – disse.

Aveva parlato come parla un uomo.

– Ancora l'Iniziazione non ti ha dato diritto di parola – lo rimproverò lo Sciamano. – Tieni per te le tue visioni.

Kiroi tolse da sotto la tunica di pelle l'amuleto di Kerno.

– Questo è per me più che la collana di zanne – obiettò Kiroi e ripeté: – Io lascerò la radura e poi tornerò per mostrare il cammino alla Tribù.

– La Foresta ti ucciderà – gli gridò Shaati.

– Preferisco morire ucciso dalla Foresta che dalla fame – replicò Kiroi. – Non posso forse scegliere la mia morte?

– Il sentiero della tua vita non è nelle tue mani – gridò lo Sciamano.

– Lo Spirito Della Foresta mi fermerà; oppure guiderà i miei passi. Mi affido a lui – disse Kiroi.

– Vai, figlio di Kerno. Che i tuoi passi possano arrivare là dove non sono giunti quelli di tuo padre – gli disse Makkro e gli diede una borsa di pelle con le poche provviste della sua famiglia.

Shaati andò a prendergli la lancia intagliata di Kerno e lo benedisse con la Benedizione Della Madre.

Anche lo Sciamano gli diede qualcosa.

– Uno Spirito Oscuro ottenebra la tua mente e le parole non possono nulla contro uno Spirito Oscuro. Prendi questo fungo; masticalo quando la stanchezza si farà sentire e i tuoi piedi torneranno a correre veloci – gli disse, consegnandogli un fungo rinsecchito, che aveva il colore e la forma di una grande foglia.

Kiroi cercò di leggere dentro lo sguardo dello Sciamano, ma i suoi occhi scuri erano una barriera impenetrabile. Tutto quello che vide fu l'immagine riflessa del suo volto, pallido per la fame e la paura.

# 14

## *Il fungo dello Sciamano*

KIROI ABBRACCIÒ SHAATI, alzò la mano per salutare tutta la Tribù e lasciò la radura senza mai voltarsi. Camminava spedito. Conosceva bene i dintorni del Campo Estivo. Non si era mai spinto fino ai confini del Luogo assegnato alla Tribù dallo Spirito Della Foresta, però nelle sue esplorazioni aveva percorso molte volte il territorio intorno al lago. Una volta, insieme a Kerno, aveva seguito un ruscello. Il ruscello correva più veloce di lui e anche di Kerno e Kiroi aveva rinunciato presto a inseguire il ramo che aveva lasciato cadere in acqua e che la corrente aveva afferrato e trascinato via con sé. La scena gli tornò in mente così viva che Kiroi risentì le parole che gli aveva detto Kerno quel giorno lontano: «L'acqua corre veloce perché sa dove andare».

Questo gli aveva detto suo padre, e Kiroi pensava che aveva ragione.

I suoi piedi lo stavano portando verso una Grande Impresa, ancora più grande di quella dell'Iniziazione. Ora gli sembrava che salire sull'Albero Che Regge Il Mondo fosse stata una cosa da poco. Eppure ci aveva pensato giorno e notte prima di decidersi e il suo cuore, e anche tutto il suo corpo, avevano tremato di paura.

Risentiva la sua voce che diceva: «Io lascerò la radura e troverò un lago generoso di pesce».

Da dove gli erano venute quelle parole? Non lo sapeva. Era stato tutto troppo veloce. Perché non lo avevano fermato? Kiroi sentì in bocca il sapore amaro della solitudine.

– La Tribù non mi ha fermato e non mi fermerà nemmeno la Foresta! – esclamò.

Un giorno qualcuno avrebbe raccontato di lui, Kiroi, e della sua Grande Impresa, la più grande di tutte.

Camminò per molte ore. Riconobbe qualche segno che i suoi occhi già avevano incontrato durante le battute insieme ai cacciatori: un cespuglio a forma di mano; un tronco attraversato da un foro dove si poteva infilare la testa; una montagnola di terra brulicante di insetti con la corazza lucente; un cerchio disegnato sul terreno da grossi funghi carnosi. I funghi erano tutti schiacciati e strappati: qualche abitante della Foresta aveva trovato cibo per sé e per i suoi cuccioli, a giudicare dalle orme lasciate sul terreno. Lo sguardo di Kiroi aveva imparato a leggere i segni disseminati nella Foresta. E al suo occhio allenato non sfuggì che c'erano altri funghi, lì vicino, funghi come quello che, ormai secco e duro, gli aveva dato lo Sciamano. Ma quelli non erano stati toccati.

«Sono spuntati da poco e ancora nessuno si è accorto di loro» pensò Kiroi. Subito capì che non era così, perché le orme dicevano chiaramente che qualche creatura della Foresta si era avvicinata ai funghi a forma di foglia, ci aveva anche appoggiato sopra il muso: però non li aveva mangiati.

«Mangia pure tutto quello che piace all'orso, e sta' lontano da ciò che non porta i segni dei denti: questa è la regola.»

La regola aveva la voce di Shaati. Sua madre gliel'aveva ripetuta tante volte; perfino quando era così piccolo che lei ancora se lo portava legato sulla schiena.

Kiroi tolse dalla bisaccia il fungo dello Sciamano e lo gettò a terra. Voleva calpestarlo, perché quello era un fungo cattivo.

– Non è vero che mi darà vigore! – esclamò. – Farà di me uno Spirito Perso, invece, perché mi darà la morte lontano dalla Tribù e nessuno intonerà per me il canto funebre.

Aveva già alzato il piede, quando un pensiero nuovo gli attraversò la mente, veloce come un fulmine. Kiroi lo afferrò svelto e lo esaminò da tutte le parti. Era un buon pensiero. Raccolse il fungo cattivo e lo ripose nella bisaccia. Poi si mise a correre in direzione della radura dove sorgeva il Campo Estivo. Così ritornava sui suoi passi, lo sapeva bene, e cancellava il cammino di un giorno intero. La grande distesa azzurra lo aspettava, ma prima doveva fare una cosa molto importante.

Raggiunse il Campo Estivo che era buio e nella Foresta già risuonava il Canto Della Notte. La Tribù dormiva rannicchiata dentro le basse capanne. La capanna dello Sciamano era un po' isolata dalle altre. Kiroi si avvicinò strisciando, senza far rumore.

Accostò l'orecchio alla parete di pelle e

gli arrivò il respiro profondo di chi viaggia dentro il sonno. Piano piano alzò un lembo e scivolò dentro la tenda. Lo Sciamano dormiva con la testa riversa. Aveva la bocca aperta. Le braci, dentro il vaso d'argilla, tingevano tutto di rosso. Kiroi si abituò presto a quella luce fioca. Appesa a una trave, vide la collana di zanne ricurve che avrebbe dovuto portare intorno al collo dal Giorno Dell'Iniziazione. La staccò e la appoggiò piano sul petto dello Sciamano. Poi tolse dalla bisaccia il fungo secco; lo tenne per un po' stretto nel pugno e poi appoggiò anche quello sul petto dello Sciamano, in mezzo alla collana di zanne ricurve. Sugli occhi dello Sciamano pesava il sonno profondo di chi ha lo stomaco vuoto e calma la fame con i succhi inebrianti.

Kiroi si inginocchiò accanto a lui e così chinato gli sussurrò: – Io, Kiroi, figlio di Kerno, sono entrato nella tua tenda e ora entro nei tuoi sogni, e ti dico che troverò quello che cerco. E quando sarò tornato, strapperò via il mantello buio che copre la Tribù. Questo dico e questo farò.

Gli rispose un gemito roco, sfuggito dalla gola e insieme dal naso dello Sciamano. Kiroi fece un passo indietro, spaventato.

Non c'era tempo da perdere. Raccolse un po' di braci dentro un vaso e uscì dalla capanna senza far rumore. Ora si sentiva davvero pronto a partire per il suo lungo viaggio.

Passando vicino alla tenda dove dormivano Shaati, Makkro e Ranko gli venne voglia di vedere Shaati e salutarla un'altra volta. Ma pensò che avrebbe potuto svegliare qualcuno. Anzi, forse lì dentro qualcuno era già sveglio, magari uno dei figli di Makkro, o la moglie di Ranko, spaventata dai suoi stessi sogni. Forse qualcuno tendeva l'orecchio al fruscio dei suoi passi e pensava, terrorizzato, che una creatura della Foresta girasse per la radura, pronta a colpire chiunque si fosse azzardato a mettere il naso fuori dalla capanna. Quel pensiero gli fece correre un brivido lungo la schiena.

– Mi metto paura da solo! – esclamò. – Che sciocco!

Ormai però la paura era entrata dentro la sua anima, così quella notte dormì nella radura, sotto un cespuglio folto di rami e foglie. In realtà non riuscì a dormire molto, perché pensò tante cose. Dentro la sua testa ronzavano le parole della vecchia Anaha, quando raccontava le antiche storie.

All'alba Kiroi era già in cammino. Prima però si era preso ancora qualcosa che poteva essergli utile: una corda lunga e robusta. Come diceva la vecchia Anaha, Krallo l'Audace era coraggioso ed era anche molto furbo, e ad ascoltare la sua storia c'era da imparare qualcosa. Kiroi aveva imparato come passare la notte nella Foresta senza rischiare di venire divorato dai lupi e dalle creature delle tenebre. Per mettersi al sicuro dagli Spiriti Persi, invece, non bastava certo una corda. Li avrebbe tenuti lontani con gli scongiuri. Lo Sciamano gliene aveva insegnati un paio di molto potenti.

«E poi lo Spirito Della Foresta mi protegge» pensò Kiroi.

Sentiva intorno a sé l'immenso respiro della Foresta, gonfia di forza e di vita.

# 15

# *Nel seno immenso della Foresta*

QUANDO I SUOI PASSI l'ebbero portato oltre i confini del Luogo che lo Spirito Della Foresta aveva assegnato alla Tribù, Kiroi se ne accorse subito. Il suo cammino, prima spedito, si fece incerto. Ora Kiroi esitava.

«Dove devo andare?» pensava.

L'acqua corre veloce perché sa bene qual è la sua meta. Questo gli aveva detto Kerno, tanto tempo prima.

«Devo dare una meta ai miei passi, così torneranno a essere spediti» decise.

Qual era la sua meta? La grande distesa azzurra! Quella era la sua meta. I laghi che la Foresta custodiva nel suo seno non avevano più pesci per la Tribù. Invece quel lago che non finiva mai avrebbe offerto cibo per sempre.

«Un lago tanto grande è di sicuro ricco

di pesci, e generoso. Là la Tribù non piangerà per la fame» si ripeteva Kiroi. Ma il suo cammino era ancora incerto.

«Ora ho una meta, che cosa ferma i miei passi?» si chiedeva Kiroi.

Nessuna risposta risuonava dentro la sua testa; nessun pensiero parlava con la voce di Kerno o di Shaati, della vecchia Anaha o dello Sciamano.

Un fruscio, sopra di lui, gli fece alzare la testa: uno scoiattolo. Lo scoiattolo si fermò un momento a guardarlo e poi riprese a salire danzando su per il tronco.

– È lo Spirito Della Foresta che ti manda! – esclamò Kiroi.

Lo scoiattolo gli aveva indicato la via. Kiroi ora sapeva che cosa fare.

«Devo trovare un Albero Che Regge Il Mondo. Lui mi dirà dove andare.»

Poco dopo, una nuvola di luce gli disse che lì svettava, alto sopra tutti, onorato a rispettosa distanza dagli alberi che gli stavano intorno, un Albero Che Regge Il Mondo.

Kiroi si inchinò e lo salutò con il saluto per chi si ritrova con gioia. Abbracciò il tronco maestoso e cominciò a salire. Non era certo agile come lo scoiattolo, però saliva sicuro. Quando la luce divenne così forte da fargli lacrimare gli occhi, si fermò qualche minuto. Immobile, con le palpebre serrate, tese l'orecchio alla voce della Foresta: era il Canto Del Giorno, quello, ma da lassù Kiroi sentiva note e parole che prima gli erano sfuggite, o erano rimaste sullo sfondo, indistinte. Trilli, schiocchi, fischi, sospiri si mescolavano al respiro della Foresta, possente e profumato.

Riaprì gli occhi. Il mare verde che ondeggiava sotto di lui gli diede le vertigini. Si riprese subito, però: ormai si stava abituando. La grande distesa azzurra era sempre là in fondo. Se dava le spalle al sole, l'aveva proprio davanti a sé.

«Devo solo seguire il mio naso» pensò Kiroi. «E il mio naso indica il luogo dove il Sole si nasconde, tutte le sere, coperto dal mantello della Notte.»

Scese svelto e quando ebbe i piedi di nuovo appoggiati sulla terra cominciò a correre, attento a schivare i rami più bassi e gli alberi che il fulmine e il vento avevano messo di traverso per farlo inciampare.

Per molti giorni Kiroi avanzò dentro l'immenso seno della Foresta. Le provviste che aveva nella bisaccia diminuivano, ma non tanto, perché il suo occhio subito vedeva la preda che gli offriva la Foresta e la sua mano allenata non se la lasciava sfuggire. Erano magre prede, in verità: scoiattoli distratti e altri piccoli roditori troppo intenti a sgranocchiare bacche e nocciole, uccelli feriti, cuccioli inesperti e imprudenti. Ma bastavano a saziare la sua fame e a dare vigore alle sue membra. Sul terreno Kiroi leggeva le tracce dell'orso e dei lupi e, una volta, forse, anche della Grande Bestia. Di giorno non aveva paura. I mille fruscii della Foresta non avevano segreti per lui. La Notte invece portava le tenebre e il timore. Subito dopo il crepuscolo Kiroi si arrampicava su un albero robusto, su su fino a che i rami potevano reggere il suo peso. Poi legava il suo corpo al tronco e si accucciava tra le fronde più comodo che poteva.

Lì, solo il gufo arrivava a disturbare il suo sonno. Sotto di lui la Foresta cantava il Canto Della Notte. Dentro c'erano i fruscii di chi usciva dalle tane in cerca di cibo; il gemito delle prede e il ringhio vittorioso dei predatori; e singhiozzi e risate e il sospiro degli Spiriti Persi. Era lo stesso canto che aveva ascoltato, più lontano e soffocato dalle pelli robuste, quando stava al sicuro dentro la sua tenda, nella radura dove sorgeva il Campo Estivo della Tribù. Allora vi si mescolava il respiro di quelli che dormivano insieme a lui e le parole confuse della moglie di Ranko, che parlava con i suoi sogni. Chissà che ne era di loro. Shaati gli mancava. Anche Kerno gli mancava. Quando pensava a loro lo prendeva la tristezza. Allora cambiava pensiero: pensava a sé e al suo viaggio.

«Mi costruisco il nido come un uccello!» pensava Kiroi e questo pensiero ogni volta lo faceva ridere. Pensava anche che sarebbe stato bello essere un uccello. E comodo, soprattutto. «Se fossi un uccello» pensava «i rovi non mi fermerebbero e nemmeno le radici nodose. Da lassù vedrei tutto quanto. Passerei da un Albero Che Regge Il Mondo a un altro senza stancarmi. Se fossi un uccello sarei già arrivato».

Il sonno lo coglieva mentre già era immerso nei sogni.

Ogni sera, dopo la marcia nella penombra della Foresta, arrivavano i sogni, mentre se ne stava appollaiato in cima agli alberi; il mattino scacciava i sogni e portava di

nuovo la marcia. Kiroi non sapeva più contare i giorni, perché il giorno che cominciava era uguale a quello appena finito.

Una volta, però, successe quello che non era mai successo prima: un orso attraversò

il suo cammino. Kiroi se lo trovò davanti all'improvviso. Era così stupito che non riusciva più a pensare. Non scappò via e non si arrampicò su un albero fino a raggiungere i rami più sottili, come ormai sapeva fare bene. Restò lì a guardare l'orso, invece, che annusava l'aria rumorosamente, anche lui forse un po' disorientato da quella creatura che aveva un odore tanto strano. Poi, l'orso si alzò sulle zampe posteriori e con il muso sollevato cominciò a lanciare urla roche, scoprendo i denti.

– Il mio nome è Kiroi, proprio come il tuo Antenato, il Grande Solitario – gli disse Kiroi. – E nell'immenso seno della Foresta c'è posto per me e per te, fratello.

L'orso ripiombò sulle quattro zampe con un tonfo che fece tremare il terreno.

– Non voglio occupare il Luogo che ti ha assegnato lo Spirito Della Foresta. Lasciami riprendere il cammino, perché io possa arrivare al lago infinito che si trova là dove si nasconde il Sole.

L'orso gli girò le spalle e si allontanò scuotendo la testa pelosa e brontolando come un tuono. Allora Kiroi riprese il cammino, con le gambe che ancora un po' gli tremavano.

Man mano che avanzava, i rigagnoli diventavano ruscelli e i ruscelli diventavano tanto larghi che per attraversarli doveva esplorare la riva, alla ricerca di un punto adatto o di un tronco caduto di traverso. A volte il terreno era così bagnato che i suoi piedi sprofondavano, e solo a fatica li strappava via.

A un tratto Kiroi fece una grande scoperta: tutta quell'acqua andava nella sua stessa direzione!

«L'acqua corre veloce perché sa dove andare, e ora dice anche a me qual è la meta» pensò Kiroi e questo lo rinfrancò. Ne aveva bisogno, perché cominciava a sentirsi sfiduciato. La Foresta non finiva mai! Kiroi aspettava di trovarsi davanti il lago in ogni momento, ma dietro una fila di tronchi ce n'era sempre un'altra e poi un'altra ancora.

Anche il suo corpo era stanco. Sentiva il bisogno di cibi caldi e saporiti e nutrienti; invece doveva accontentarsi di bacche e topolini crudi. Aveva con sé il Fuoco, dentro il vaso di argilla che portava legato alla cintura, ma non aveva tempo per cucinare. Però non si era mai dimenticato di tenere vive le braci: le nutriva con pigne impregnate di resina. Sapeva che i lupi temevano il Fuoco, e anche la Grande Bestia.

«Se non ci saranno più alberi su cui trovare riparo, chiederò protezione al Fuoco» pensava.

Quel momento, forse, non era lontano. La Foresta lasciava il posto, qua e là, a piccole radure erbose; i tronchi non erano più tanto fitti e la luce pioveva in grandi fasci a scacciare le ombre.

# 16

# *Il Lago Immenso E Generoso*

GLI ALBERI ERANO sempre più radi e strani. Non più i tronchi diritti che aveva visto intorno a sé fin da quando era nato, ma bassi e grassi; oppure esili, sempre però rivestiti di un folto manto di foglie. Anche l'erba e i fiori e i cespugli erano diversi e misteriosi. Alcuni cespugli offrivano bacche dall'aspetto appetitoso, ma Kiroi non si lasciava tentare: sapeva bene che erbe e bacche potevano scacciare la fame e le malattie, ma potevano anche mettere dentro il corpo i Sogni Bugiardi e perfino la Morte.

Il viaggio ora procedeva spedito. Era facile camminare nell'erba morbida e anche correre. Però tutta quella luce lo accecava, feriva i suoi occhi abituati alla penombra morbida della Foresta.

Il cammino di Kiroi si intrecciava con quello del Sole. Shaati gli aveva spiegato che il Sole e la Notte si contendevano il cielo in una lotta senza fine e un po' vinceva l'uno, un po' vinceva l'altra. Adesso capiva che lassù succedeva qualcosa di molto più complesso. Il Sole era un compagno di viaggio sempre diverso: cambiava colore e dimensioni, e ora procedeva lento ora correva più svelto di lui. Kiroi lo osservava fino ad avere gli occhi pieni di lacrime. Lo pregava, anche, come prima aveva pregato lo Spirito Della Foresta: – O tu, che sei luminoso e tanto potente, proteggi il mio cammino e guida i miei passi là dove devono arrivare.

Glielo chiedeva ogni mattina, appena sveglio; e alla sera, legato all'albero più alto che era riuscito a trovare, lo ringraziava e lo salutava: – Domani torna ad affacciarti sopra la mia testa, affinché il mio piede non inciampi e il mio occhio non si smarrisca.

Trovare alberi dove appollaiarsi per la notte era diventato sempre più difficile. Gli Alberi Che Reggono Il Mondo erano tutti scomparsi. Kiroi era un po' preoccupato.

«Mi può cascare il cielo sulla testa da un momento all'altro» pensava, ma era un pensiero sempre più leggero, che galleggiava nella sua mente come un seme portato dal vento: così leggero che quasi non si accorgeva di averlo.

Un giorno il tramonto lo sorprese nel bel mezzo di una pianura dove c'erano solo erba e acqua, mille rivoli d'acqua fresca e impaziente.

Calò una notte lunghissima, una notte che non voleva finire mai. Kiroi ascoltava il Canto Del Prato e quello, ancora più forte, Dell'Acqua. Gli sembrava di capire alcune parole: «Io corro veloce, perché so bene qual è la mia meta».

Proprio come gli aveva detto Kerno. Mentre ascoltava quel canto, Kiroi pensò un pensiero nuovo, che non aveva la voce di Kerno o di Shaati o dello Sciamano, perché lo pensava lui per la prima volta: «L'acqua arriva prima, perché viaggia anche di notte. Non si ferma mai».

Era un pensiero importante, lo sentiva, anche se ancora non sapeva che cosa farsene. Kiroi avrebbe voluto essere veloce come l'acqua, ma non poteva certo camminare anche di notte.

Forse poteva farsi portare dall'acqua. Questo lo pensò il giorno dopo, quando vide scivolare via sotto i suoi occhi un cespuglio, ormai secco. I mille rivoli della pianura si erano mescolati a formare un unico Grande Fiume Gonfio Di Acqua. Kiroi però non era un cespuglio secco!

Poco più avanti il Grande Fiume gli fece un regalo. Due alberi, allacciati in un intrico di rami e radici, galleggiavano vicino a riva. Senza rendersi bene conto di ciò che stava facendo, Kiroi si accovacciò su quella specie di zattera e spezzò il ramo che la tratteneva. Allora la forza della corrente riuscì a trascinarla con sé. Kiroi stava aggrappato ai tronchi con tutte le sue forze. Due o tre volte rischiò di finire in acqua, ma presto imparò come cambiare posizione per evitare che la zattera si capovolgesse. Capì anche come riportarla in mezzo al fiume, aiutandosi con le gambe, quando la corrente la spingeva verso riva e le radici strisciavano sul fondo sabbioso rallentando la corsa.

Per molte ore Kiroi camminò con i piedi del Grande Fiume Gonfio Di Acqua. Lasciavano dietro di sé le rive verdi. Sullo sfondo, lontano lontano, sfilava il profilo cupo della grande Foresta.

Kiroi cominciava a temere che quel viaggio non avrebbe mai avuto fine e pensava, un po' preoccupato, a come avrebbe potuto trascinare i tronchi fuori dall'acqua abbastanza lontano perché la corrente non glieli rubasse durante la notte. Ma non ce ne fu bisogno. Il Grande Fiume diventava sempre più largo, e più si allargava più lento diventava il suo cammino. Se allungava le gambe fuori dalla zattera, Kiroi sentiva sotto i piedi la sabbia fine del fondo. Infine i tronchi si fermarono e Kiroi si fermò con loro.

Lo avvolgeva un'aria tiepida e morbida. Respirò profondamente: la inghiottì, anche, quell'aria nuova, a grandi sorsate. Era strana. Era buona. Scivolava dentro il naso e la bocca come una carezza.

Kiroi era arrivato in una grande distesa colma di detriti e di basse lingue sabbiose dove crescevano radi cespugli. Tra una lingua e l'altra c'era l'acqua. Il Grande Fiume tornava a disperdersi in mille rigagnoli. Tutti quanti strisciavano fino a una immensa distesa azzurra.

– Eccolo! – gridò Kiroi non appena l'ebbe riconosciuto. Era lui, il Lago Immenso E Generoso. Era così immenso che Kiroi non riusciva a vedere dove finiva. Tante, tantissime onde ne increspavano la superficie. Erano onde grandi, e Kiroi faceva un balzo all'indietro ogni volta che una di esse si spingeva un po' più a riva e correva da lui, veloce e rumorosa. Erano onde gonfie di schiuma, ma non sembravano arrabbiate: la loro voce era un allegro parlottio, come quello delle donne riunite a cucire le pelli. Kiroi rimase a contemplare il Lago Immenso fino a quando i raggi del sole al tramonto non incendiarono l'acqua, increspata da onde sempre più piccole e stanche. Ora non chiacchieravano più: sussurravano appena, o forse sospiravano.

Quel fuoco liquido gli ricordò il Fuoco che portava dentro il vaso legato alla cintura. Durante la corsa sull'acqua molte volte onde e schizzi l'avevano raggiunto.

– Fa' che ci sia ancora qualche brace – pregò Kiroi. Non sapeva se la sua preghiera era rivolta allo Spirito Della Foresta o al Sole o al Grande Fiume. Purché fosse esaudita!

Kiroi tremava al solo pensiero di passare la notte solo, in quella piatta distesa, in balia dei Mostri Del Posto. Era ormai troppo buio per guardarsi intorno alla ricerca di tracce, ma Kiroi era sicuro che molti animali sceglievano quel luogo per abbeverarsi e anche per cacciare.

«Arriveranno i lupi» pensava, prendendo il vaso di argilla. Era bagnato. Lo aprì. Dentro trovò una poltiglia nerastra. Provò a soffiare piano. Un occhio rosso si aprì e subito si richiuse. Soffiò di nuovo. Di nuovo l'occhio mostrò la sua pupilla infuocata. Kiroi si affrettò a raccogliere rami e sterpi secchi. Poco dopo, un falò illuminava il mantello della Notte. Altri fuochi brillavano sopra la sua testa: i fuochi del cielo, tanti da non poterli contare.

# 17

# *Altri pensieri, e domande*

IL MATTINO DOPO lo svegliò il canto degli uccelli. Erano uccelli che non aveva mai visto. C'erano uccelli che volavano da un cespuglio all'altro. C'erano uccelli che saltellavano sulla sabbia umida. E c'erano uccelli che camminavano con le lunghe zampe dentro l'acqua bassa; anche il loro collo era lungo, e il becco.

Kiroi corse subito al Lago Generoso. I suoi piedi affondavano nel terreno intriso d'acqua. Qua e là crescevano grandi foglie tonde, dove andavano a nascondersi le rane, spaventate dai suoi passi.

– La vecchia Anaha non voleva le rane nella pancia! – esclamò Kiroi e la faccia della vecchia si affacciò nella sua testa; e insieme a lei tutti gli altri della Tribù. Erano passati molti giorni da quando l'aveva lasciata.

Che ne era stato di Shaati, Makkro e Ranko? Erano riusciti i cacciatori a riportare buone prede per la loro fame? Lo aspettavano ancora nella radura del Campo Estivo? Chi avrebbe trovato, al suo ritorno?

Il Lago Immenso E Generoso era circondato da una larga fascia di sabbia. Kiroi guardava stupito le sue stesse orme e, ancora più stupito, la distesa d'acqua senza fine che si apriva davanti ai suoi occhi. Quello che la Tribù chiamava lago, là in mezzo alla radura, era solo una pozza, una piccola pozza al confronto.

Sulla superficie dell'acqua galleggiava una nebbiolina leggera, che sparì non appena il sole fu più alto nel cielo. Allora Kiroi vide che il Lago Generoso brulicava di pesci d'oro e d'argento. Impugnò la lancia di Kerno, la soppesò nella mano per bilanciare bene il peso e la scagliò con forza dentro quella nuvola guizzante. Non c'era nemmeno bisogno di prendere la mira. La recuperò ornata di un grosso pesce che mandava bagliori di luce.

Era il pesce più buono che Kiroi avesse mai mangiato. Gli diede nuovo vigore. Kiroi passò tutto il giorno a esplorare i dintorni. C'era cibo, acqua, legna, luce... Luce ovunque. Pioveva da un cielo senza confini, dove gli occhi potevano seguire tutto intero il cammino del Sole: dal suo sorgere, oltre la linea scura, lontana lontana, della Foresta, fino al tramonto dentro le acque del Lago Immenso E Generoso.

– Ecco dove va a finire! – esclamò Kiroi. Però non riusciva a capire come faceva poi a rispuntare dall'altra parte, ogni mattina. E un'altra cosa non capiva: come mai non usciva dall'acqua tutto bagnato?

«Ci sono pensieri che non portano da nessuna parte!» risuonò la voce dello Sciamano.

Kiroi si spaventò. Credeva di pensare solo con la sua voce, ormai; invece lo Sciamano l'aveva seguito fin lì.

– I miei pensieri mi hanno portato fino a questo Lago Immenso E Generoso! – gridò Kiroi e riprese la sua esplorazione

C'erano molte orme: segni di unghie, artigli, zoccoli... Riconobbe quelle dei lupi, altre invece non le aveva mai viste, ma erano state lasciate di sicuro da animali grossi e pesanti. Intorno a lui volavano tanti uccelli, una quantità di uccelli che Kiroi mai aveva visto tra le fronde della Foresta. Si lasciavano avvicinare senza paura e solo quando allungava la mano per acchiapparli scappavano via strillando.

«Qui c'è posto anche per la Tribù» decise Kiroi.

Doveva rimettersi subito in cammino. Una domanda però ancora gli ronzava per la testa, assillante come una mosca prima del temporale. Non voleva lasciarla affiorare, ma la domanda era lì, insistente e fastidiosa. Questa era la domanda: sarebbe riuscito lui, Kiroi, a ritornare sui suoi passi? E sarebbe riuscito, poi, a convincere la Tribù a lasciare il piccolo, stanco lago della radura del Campo Estivo per seguirlo fino al Lago Generoso? E che cosa avrebbe fatto lo Sciamano?

«Quando sarò arrivato, allora conoscerò le risposte» si disse.

Si preparò a partire. Riempì la borsa di pesce fresco e salutò il Lago Immenso. Mentre lasciava vagare un'ultima volta lo sguardo sulla grande distesa azzurra, vide una cosa che lo lasciò senza fiato per lo stupore e la paura. Ma più per lo stupore, perché era uno spettacolo meraviglioso, una danza piena di gioia. Un Pesce Enorme balzò fuori dall'acqua, là, lontano, e poi scomparve inghiottito dal Lago Immenso; e poi di nuovo saltò e si tuffò, e la sua enorme coda sollevò una cascata di spruzzi.

«Chissà se è feroce come la Grande Bestia» si chiese Kiroi, ma poi pensò che la Tribù sarebbe stata al sicuro, perché nessun pesce, nemmeno il più grosso, può lasciare l'acqua che gli dà la vita.

Mentre i suoi piedi correvano veloci, la sua voce, dentro di lui, cercava le parole che avrebbe detto davanti alla Tribù. La sua voce gli diceva anche come sarebbe stata la nuova vita della Tribù. «Niente più Sacrifici Prima Del Tramonto» diceva. «Un Fuoco Sempre Vivo, invece, a illuminare il mantello della Notte e a tenere lontani i lupi e gli Spiriti Persi. E canti e danze: sempre. Basta con le fustigazioni e i lamenti nel buio. Basta paura.»

Le orecchie di Kiroi già sentivano i canti e i suoni della festa e i suoi piedi correvano più spediti.

# 18

## *Pericolo!*

KIROI SEGUÌ DI NUOVO il Grande Fiume Gonfio Di Acqua. Impiegò tanti più giorni che all'andata, perché non poté usare la zattera di tronchi. Però ora sapeva che cosa l'aspettava: la pianura con erbe e cespugli prima e poi gli alberi radi e grassi e poi la Foresta. E lì, dentro il suo immenso seno, si apriva, da qualche parte, la radura del Campo Estivo.

Quando fu arrivato alla Foresta, gli ci volle un po' di tempo perché gli occhi si riabituassero alla penombra verde che lo circondava da tutte le parti. Era come se fosse diventato cieco all'improvviso. A poco a poco riuscì a dare forma e nome alle ombre confuse che gli si affollavano intorno. Le sue orecchie riconobbero i suoni che l'avevano accompagnato fin dall'infanzia e il suo cuore gioì nell'ascoltare ancora una volta il canto che conosceva tanto bene. Lì si muoveva agile e sicuro; lì sapeva vedere il nascondiglio del topolino e seguire la danza velocissima dello scoiattolo.

Nella borsa aveva ancora del pesce: però puzzava tanto che non vedeva l'ora di liberarsene, non appena messe le mani su qualcosa di più fresco. L'odore di quel pesce diceva che Kiroi era lì e lo diceva per un gran pezzo tutt'intorno. Lo sentivano tutti. Lo sentì anche la Grande Bestia.

Kiroi se la trovò davanti all'improvviso. Era una creatura enorme, con il pelo ritto e le fauci spalancate. Allungava verso Kiroi le sue zampe e Kiroi vide brillare le unghie lunghe come coltelli. Anche le zanne erano lunghe come coltelli.

La paura gli legava i pensieri. Le sue gambe decisero per lui. Si mossero più veloci che potevano: schivavano tronchi, saltavano radici. Kiroi correva come non aveva mai corso prima. Anche la Grande Bestia correva. Lo inseguiva. Kiroi sentiva i tonfi pesanti delle sue zampe enormi: sempre più pesanti, sempre più vicini. La corsa e la paura gli toglievano il respiro. Sulla sua destra si apriva un pozzo di luce. Kiroi puntò in quella direzione. In una piccola radura svettava un Albero Che Regge Il Mondo. Era il primo che incontrava nel suo viaggio di ritorno.

«Salvami!» implorò Kiroi. Era diventato bravo ad arrampicarsi e nemmeno gli girava più la testa. Abbracciò il tronco e cominciò a salire. Appena in tempo. La Grande Bestia si precipitò nella radura. Rimase sorpresa di non trovarvi la sua preda. Annusò tutt'intorno, poi si buttò con tutta la sua forza contro l'Albero Che Regge Il Mondo. L'albero era enorme e ben piantato in terra: non sarebbe riuscita a farlo crollare. La Grande Bestia si rizzò in tutta la sua altezza, menando zampate furiose. Kiroi sentiva il fruscio delle fronde e il rumore dei rami spezzati. Salì ancora più su.

«Striscia lungo un ramo sottile» gli ordinò la sua stessa voce. Ubbidì. Si trascinò fino a quando il ramo non cominciò a piegarsi. Avanzò ancora un poco. Il ramo oscillava. La Grande Bestia, gridando minacciosa, girò intorno all'Albero Che Regge Il Mondo così a lungo che mise allo scoperto le radici.

«Forse passerà lì tutta la notte» pensò Kiroi. Allora anche lui avrebbe dovuto passare tutta la notte sull'Albero Che Regge Il Mondo.

Si legò stretto con la corda.

«Per ora sono al sicuro» si disse e subito si addormentò di un sonno pesante.

Il mattino dopo la Grande Bestia se n'era andata. Kiroi scese con molta cautela e si guardò bene intorno. Ritrovò la borsa che aveva perso arrampicandosi. La Grande Bestia l'aveva fatta a pezzi e si era mangiata tutto il pesce. Kiroi raccolse delle pigne intrise di resina per nutrire il Fuoco che stava dentro il vaso, legò insieme un fascio di legnetti secchi e infilò anche quelli nella cintura. In caso di pericolo, avrebbe avuto subito tra le mani una torcia infuocata.

– Ora la Grande Bestia può anche tornare. Non ho più paura! – esclamò a voce alta, per farsi coraggio.

I giorni diventavano sempre più corti. Il mantello della Notte allargava il suo lembo scuro sui passi di Kiroi e lo costringeva a trovare presto rifugio tra le fronde di un Albero Che Regge Il Mondo.

Capitò qualche volta che non ne incontrasse nemmeno uno sul suo cammino di un giorno intero. Allora Kiroi doveva accontentarsi del tronco scomodo e pungente di un abete. Lì la Grande Bestia avrebbe potuto raggiungerlo e Kiroi dormiva con un occhio chiuso e uno aperto, a scrutare le ombre che si muovevano furtive sotto di lui. Soprattutto, tendeva le orecchie. Il Canto Della Notte ormai non aveva più segreti per lui.

Al mattino, la luce fioca gli svelava i segni della lotta che si era combattuta, feroce, dopo il tramonto e aveva portato per qualcuno la morte e per qualcun altro la vita: forse solo ancora per un giorno. Le impronte della volpe e le piume di un'incauta civetta, troppo intenta ad acchiappare il topo per accorgersi della minaccia che avanzava furtiva. La terra smossa dal muso aguzzo del riccio. La pelliccia insanguinata del coniglio divorato dal lupo.

I lupi avrebbero voluto divorare anche Kiroi. Un'intera famiglia una notte circondò l'albero al quale si era legato. La luna piena dipingeva macchie d'argento sui tronchi e faceva brillare i loro occhi di ghiaccio. Kiroi lanciò alcuni tizzoni addosso a quel luccicare di zanne affamate e subito i lupi scapparono via.

«Grande è la forza del Fuoco» pensò Kiroi. Subito dentro le sue orecchie parlò la voce dello Sciamano: «Il Fuoco vuole divorare la Foresta! Nessuna gabbia può imprigionarlo!».

Kiroi guardò di sotto. Un bagliore rossastro e un leggero odore di fumo gli dissero che uno dei tizzoni che aveva lanciato contro i lupi si stava mangiando un pezzetto di Foresta. Kiroi sapeva che a ogni boccone la sua fame sarebbe diventata ancora più grande. Doveva fermarlo. Si immaginò i lupi in agguato, nascosti dietro i tronchi, pronti ad assalirlo non appena avesse messo piede a terra. Meglio non scendere. Ma che poteva fare da lassù?

«Ci vorrebbe dell'acqua» si disse Kiroi.

Nell'otre non ce n'era rimasta una goccia: l'aveva bevuta tutta, e l'acqua era ormai nella sua pancia. Allora sollevò la tunica e si liberò fino all'ultima goccia. Aveva una buona mira: aveva giocato tante volte, quando era ancora uno dei piccoli, a colpire dalla riva le foglie che galleggiavano nel lago del Campo Estivo. Era il più bravo, e dopo di lui veniva Raki. Il getto colpì il tizzone con grande precisione e lo annegò.

Dopo quella notte, i lupi non tornarono

più a fargli visita. Invece incontrò di nuovo la Grande Bestia.

Il vento lo spingeva alle spalle e non aveva portato al suo naso l'odore della mostruosa creatura; mentre a lei arrivava l'odore del ragazzo, mescolato ai mille effluvi della Foresta. Lo aspettava immobile, le narici dilatate e il collo proteso.

Era ancora più enorme di come la ricordava. Anche Kiroi si immobilizzò, ma tremava. La Grande Bestia annusava la sua paura, ma restò lì dov'era.

«Forse è sazia,» pensò Kiroi «forse non mi mangia».

Subito capì che stava pensando come un cucciolo terrorizzato, mentre se voleva salvarsi doveva pensare pensieri coraggiosi, e veloci! Che cosa avrebbe fatto Kerno al suo posto? L'ascia! No, anche se l'avesse avuta con sé, non gli sarebbe servita. Kerno era morto.

– L'hai ucciso! – sibilò Kiroi, e l'odio riportò calore e vita nelle sue membra.

Con gesti cauti e lenti, prese il vaso di argilla che teneva appeso alla cintura. La Grande Bestia cominciò ad avvicinarsi: senza fretta, fermandosi ogni tanto a dondolare quel suo testone feroce. Kiroi doveva lottare contro le sue gambe per costringerle a non portarlo via, e contro la sua gola, per impedirle di lasciar uscire l'urlo che premeva dentro. Tolse, con la mano che tremava e non voleva ubbidirgli, la pelle che chiudeva il vaso e ci soffiò dentro con forza: sapeva che il suo fiato avrebbe dato vigore alle braci. Poi ci infilò il fascio di rametti secchi che aveva preparato. Sguainò la torcia e gliela agitò davanti. La Grande Bestia si bloccò. Fissava il Fuoco ululando, ma non scappò via. Allora Kiroi scagliò contro di lei il vaso con le braci e la colpì sulla fronte. Un tizzone le finì sul naso, altri rotolarono a terra, qualcuno rimase imprigionato nella folta pelliccia. La Grande Bestia prima brontolò per la sorpresa, poi ruggì di dolore e di paura. Kiroi indietreggiava lentamente, molto lentamente. La torcia, ormai quasi tutta consumata, gli bruciava le dita! La lasciò cadere urlando. Subito, dal tappeto di sterpi secchi uscì una piccola fiamma. Un'altra. Le fiamme divennero presto alte; le loro lunghe lingue avvolsero i tronchi e le zampe della Grande Bestia, che fuggì via urlando. Il Fuoco, spinto dal vento, la inseguiva affamato.

Kiroi scappò nella direzione opposta. Aveva scatenato la fame del Fuoco! Non c'era colpa più grave. Kiroi correva e correva, ma non vedeva dove andava: il rimorso e il fumo riempivano i suoi occhi di lacrime. Dapprima le fiamme andavano da una parte e i piedi di Kiroi dall'altra, ma improvvisamente il vento cambiò. Ora il suo soffio lo inseguiva, trascinandosi appresso l'incendio. Kiroi si gettava dove vedeva un passaggio libero dalle fiamme, ma subito un rosso ruscello chiudeva anche quello, serrandolo in una gabbia ardente. Poi il fumo divenne così fitto che non si vedeva più niente. Kiroi si accoccolò su una stretta lingua di terra chiusa tra due rigagnoli. Nemmeno lì però era salvo. I tronchi intorno a lui cominciavano a crollare, schiantandosi al suolo, e presto una di quelle torce giganti gli sarebbe finita addosso.

«Gli Alberi Che Reggono Il Mondo bruceranno!» pensò Kiroi. «E con loro cascherà il Mondo!»

Dentro di lui risuonò la voce dello Sciamano: «Sventura! Sventura! Sventura!».

Intorno, invece, risuonavano le voci della Foresta che si contorceva nel dolore. Scoppi, tonfi, schianti... E gli strilli degli uccelli e di tutti i suoi abitanti. E, alto sopra tutto, il ruggito delle fiamme affamate.

Kiroi si coprì la testa con le braccia e scoppiò a piangere disperato. Non c'era rimedio per la sua colpa. Non c'era sangue abbastanza, nelle sue vene, per lavare il male inflitto alla Foresta. Come aveva potuto pensare che sarebbe riuscito a comandare sul Fuoco? A farsi ubbidire da quell'essere libero e forte? E come aveva potuto pensare che la sua vita valeva la morte di mille altre vite custodite tra gli alberi? Si era comportato come un cucciolo sciocco.

A un tratto gli sembrò di sentire, in mezzo ai crepitii e ai tonfi, un altro suono ancora più cupo e terribile. «Forse è l'urlo di morte di un Albero Che Regge Il Mondo» pensò, perché veniva dall'alto. Infatti era il rombo delle nuvole che si scontravano in cielo. Nuvoloni carichi di pioggia, dopo lunghi mesi di siccità. Kiroi sentiva le gocce che cadevano sempre più fitte, fino a diventare in breve uno scroscio continuo e violento. Lo Spirito Della Foresta aveva ascoltato l'angoscia del suo cuore e aveva mandato l'acqua a cancellare la sua colpa. Il suo cuore desiderò così ardentemente la morte dell'incendio che quasi gli scoppiava nel petto. Fu esaudito. Passò molto tempo prima che osasse alzare gli occhi e guardarsi intorno. L'incendio era vinto. Ma lasciava nella Foresta il segno nero della ferita che le aveva inferto. Kiroi si allontanò svelto; a lungo lo accompagnò un odore acre di morte.

«Se sarò di nuovo unito alla Tribù,» si disse «allora vuol dire che lo Spirito Della Foresta mi ha perdonato. Allora potrò di nuovo accostarmi al Fuoco».

# 19

## *Il ritorno*

QUANDO FINALMENTE KIROI raggiunse il Campo Estivo, l'acqua delle pozze già ghiacciava, di notte, e il tappeto di aghi e foglie scricchiolava sotto i suoi piedi.

Il primo della Tribù che incontrò fu il piccolo Akros, uno dei figli di Ranko. Ma non lo riconobbe subito, tanto era magro. La faccia pallida era sporca di terra. Akros stava mangiando una radice. Quando si trovò davanti Kiroi, il bambino scappò via spaventato.

– Lo Spirito Perso! Lo Spirito Perso! – gridò correndo verso la radura.

Se avesse visto la sua immagine riflessa nel lago, anche Kiroi si sarebbe spaventato. Tutti quei giorni di cammino solitario avevano lacerato i suoi abiti, incrostato i suoi lunghi capelli, indurito i tratti del viso.

Shaati però lo riconobbe subito. Quando ancora era lontano, gli corse incontro e lo abbracciò stretto. Anche Shaati era magra e pallida, come gli altri.

– Siamo tutti qui – gli disse Makkro, leggendo dentro gli occhi di Kiroi la domanda che la sua bocca non aveva pronunciato.

La fame aveva divorato quasi tutti i bambini e anche molti adulti. L'ultima ad andarsene era stata la moglie di Ranko.

– Ieri ha continuato a parlare con i suoi sogni, anche se l'alba era già sorta da un pezzo. Non ha più riaperto gli occhi – gli raccontò Ranko.

– Ho trovato un lago immenso, generoso di pesci – disse Kiroi. – Sulle sue rive vivono uccelli e tantissimi animali, più di quanti bastano alla fame della Tribù. Dobbiamo prepararci e partire subito.

Non c'era tempo per troppe parole.

– Sarà un lungo cammino – li avvisò Kiroi.

– Perché vuoi portare la Tribù a morire lontano da qui? – gli chiese Gheesha. – Le nostre gambe vacillano, non ci condurranno lontano.

– Abbiamo provviste appena sufficienti per raggiungere il Campo Invernale – gli fece notare Makkro.

– Basteranno – disse Kiroi. – La Foresta ci offrirà qualcosa e vicino al Lago Immenso troveremo prede così stupide che un buon braccio non le può mancare.

– Presto arriverà il tempo dei giorni corti e del freddo – disse Shaati.

– Porteremo con noi le pelli delle capanne e ci copriremo con quelle. E porteremo molte braci, per tenere lontano il freddo e i lupi e la Grande Bestia.

– Lo Sciamano si arrabbierà e si arrabbierà anche lo Spirito Della Foresta, se lasciamo il Luogo che ci ha assegnato – obiettò Kronio.

– Lo Spirito Della Foresta ha protetto il mio cammino e mi ha offerto rifugio tra le braccia degli Alberi Che Reggono Il Mondo – spiegò Kiroi. – Lo Spirito Della Foresta non vuole che la Tribù muoia.

– Chiederà un grande sacrificio – sospirò Elaiha.

– Niente più sacrifici! – esclamò deciso Kiroi. – Io dico che lo Spirito Della Foresta soffre per la morte delle creature che vivono nel suo immenso seno: prenderemo solo quello che chiede la nostra fame.

La gente della Tribù lo guardava in silenzio, perplessa.

– Io sono salito sugli Alberi Che Reggono Il Mondo e il fuoco del cielo non è caduto su di me – disse Kiroi, ma ancora leggeva sui loro volti il dubbio e la paura.

– Mi crederete, quando lo vedrete con i vostri occhi.

Si avviò e gli altri lo seguirono fino all'Albero Che Regge Il Mondo che cresceva vicino alla radura.

Lo Sciamano era seduto tra due radici, con la schiena appoggiata al tronco e il capo reclinato sul petto. Sotto la pelle avvizzita, si leggeva il disegno delle costole.

Kiroi per la prima volta si accorse che i capelli dello Sciamano erano tutti bianchi. Di sicuro lo Sciamano si sarebbe rifiutato di seguire la Tribù.

«È molto vecchio. Non è bene lasciare solo un vecchio» pensò, e quel pensiero lo rese subito triste.

– Dalla tua bocca sono uscite parole bugiarde – gli disse Kiroi.

Lo Sciamano non alzò il capo.

– Io sono salito sull'Albero Che Regge Il Mondo – continuò Kiroi con aria di sfida.

– Non ti risponderà – sussurrò Shaati. – Il soffio della vita l'ha lasciato.

Allora tutti videro quello che Shaati aveva visto prima degli altri. Lo Sciamano era morto. Celebrarono per lui i riti funebri e poi si prepararono per la partenza.

Per la prima volta, quel giorno, non ci fu nessun Sacrificio Prima Del Tramonto.

Kiroi, in piedi sulla riva del lago, osservava la superficie dell'acqua che gli ultimi raggi del sole tingevano di rosso. Il lago, ora, gli appariva per quello che era davvero: poco più di una pozza che a poco a poco scompariva, divorata dal fango.

# 20
## *La Grande Migrazione*

QUELLA NOTTE, per l'ultima volta, la Tribù dormì nella radura del Campo Estivo. Dopo tanto tempo, Kiroi ritrovò il tepore dei corpi distesi vicini e i rumori che accompagnano il sonno degli uomini. Però non c'era più la voce di Ashave, la moglie di Ranko, che parlava con i suoi sogni, e nemmeno i gridolini e i sospiri di un paio di piccoli, che la fame si era presa. E da fuori non arrivavano più gemiti e invocazioni: la capanna dello Sciamano era ormai vuota e muta.

Shaati gli stringeva una mano tra le sue e non gliela lasciò fino al mattino.

– Ora sono troppo stanca e non ci sono parole sulle mie labbra – gli aveva detto. – Quando verranno, potrò raccontarti, e anche tu mi racconterai.

All'alba si misero in cammino. Con sé portavano le pelli delle capanne e i pochi viveri rimasti; ogni famiglia aveva un vaso d'argilla pieno di braci.

Quando passarono vicino all'Albero Che Regge Il Mondo dove era andato a morire lo Sciamano, qualcuno disse: – I nostri occhi ancora non ti hanno visto salire sull'Albero Che Regge Il Mondo. Chi ci assicura che dalla tua bocca escono parole sincere?

Kiroi depose a terra il suo carico, si avvicinò al grande tronco e ci appoggiò la mano, in un gesto di saluto. Poi cominciò ad arrampicarsi. L'aveva fatto molte volte e procedeva veloce e sicuro.

Dal basso l'accompagnavano esclamazioni di stupore e parole di scongiuro.

– Ecco, avete visto con i vostri occhi! – esclamò Kiroi quando fu sceso. – Molte volte l'ho fatto, eppure lo Spirito Della Foresta non ha scagliato contro di me la sua lancia di fuoco.

– Forse aspetta solo il momento giusto. Forse lo farà presto – obiettò Fahila.

– Forse lo farà. Ma io credo invece che lo Spirito Della Foresta guarda me e tutta la Tribù con occhio benevolo e ci accompagnerà nella nostra marcia.

– Potente è lo Spirito Della Foresta – sussurrò Fahila.

– Sì, potente è lo Spirito Della Foresta – disse Kiroi, e avrebbe voluto dire un'altra cosa ancora: e cioè che più potente ancora era il Sole, che viaggia per il cielo, Signore della Luce. Lui l'aveva capito bene. L'aveva visto con i suoi occhi che a un certo punto la Foresta finiva e lasciava spazio alla pianura d'erba e d'acqua, e poi questa si inchinava di fronte al Lago Immenso. Ma sopra tutto e tutti regnava il Sole!

Però non disse niente. La Tribù l'avrebbe capito da sé, alla fine del viaggio che stavano per cominciare.

Kiroi immaginava lo stupore della Tribù quando, lasciata la Foresta, avrebbe visto che il Mondo non crollava anche là dove non c'erano Alberi Che Reggono Il Mondo a sostenerlo. Lo stesso stupore che aveva provato lui, insieme a un po' di paura e a un sapore nuovo, per il quale nessuno gli aveva insegnato quale parola usare. E ci aveva impiegato un bel po' per riconoscere la parola più vicina, tra quelle che conosceva, che poteva dire quel gusto che gli riempiva il cuore e i polmoni: libertà.

«L'assaggeranno tutti. Ma non Kerno» pensò Kiroi, e si sentì triste e debole.

Per il resto del giorno non ebbe troppo tempo per pensare. La Tribù si era affidata a lui, e Kiroi cancellò le parole che gli venivano dalla sua anima per ascoltare invece quelle della Tribù, e le voci della Foresta.

Prima di sera incontrarono un Albero Che Regge Il Mondo e Kiroi salì svelto e da lassù vide che procedevano nella direzione giusta. Il suo cuore batteva di riconoscenza per il Sole che guidava così chiaramente il loro cammino.

La Tribù avanzava molto più lentamente di quanto non aveva fatto Kiroi. Avevano ridotto le tappe a non più di una al giorno, ma il passo dei bambini era corto e quello di tutti stanco, per via dello stomaco quasi vuoto. E poi il buio allargava ogni giorno di più il suo dominio. Passavano la notte tutti vicini, stretti dentro un cerchio fatto con i vasi di argilla dove occhieggiavano le braci. Lì accanto, erano pronte torce di rami secchi. Qualche volta dovettero affrettarsi a incendiarle per cacciare via ringhi, soffi e ululati ormai troppo vicini. Oppure occhiacci gialli, accesi dalla luce della caccia.

La Grande Bestia non si fece vedere.

– Io l'ho vista, però era giorno quando mi ha inseguito – spiegò Kiroi.

– Anche Kerno l'ha incontrata prima del tramonto – aggiunse Makkro.

Forse la Grande Bestia di notte dormiva nella sua tana, scavata chissà dove, nelle profondità della terra.

Il pericolo però non erano le creature della Foresta, nemmeno le più feroci. Molte, ormai, si erano rinchiuse nei nascondigli segreti e lì aspettavano il Tempo Del Grande Freddo. La Foresta era sempre più silenziosa. Il nemico era il gelo. Durante la notte le pelli erano un ben misero riparo e tutti rimpiangevano le solide capanne dove non entrava nemmeno uno spiffero.

– Camminiamo incontro al freddo – diceva Makkro.

– Sì. Ma quando saremo vicini al Lago Immenso E Generoso troveremo il tepore della primavera – ripeteva Kiroi.

Non tutti gli credevano, però era impossibile ormai pensare di tornare indietro. Le scorte diminuivano e quello che la Foresta offriva erano solo le nocciole e le ghiande rubate dal nascondiglio di qualche scoiattolo previdente.

Cominciò a nevicare. Al mattino trovavano una bianca coperta sopra quella di pelli che era tutto il loro riparo. Dapprima la neve non rallentò la marcia, ma dopo qualche giorno i piedi affondavano in quel tappeto bianco e freddo, e muovere un passo era ogni volta una fatica più grande.

Un mattino scoprirono che i due gemelli piccoli di Nashi erano morti nel sonno. Kronio si fermò a tossire appoggiato a un tronco e lì scivolò nel Sonno Che Non Finisce Mai. Alinha aveva le dita dei piedi gonfie e nere e Grandak se la metteva sulle spalle per lunghi tratti, ma un giorno caddero tutti e due e non si rialzarono più.

Nessuno faceva più domande. I bambini non chiedevano più cibo. Shaati guardava Kiroi in silenzio, ma i suoi occhi parlavano e dicevano: «Dove ci stai portando? Forse a morire. Ma io ti seguirò fino a quando riuscirò ad alzare un piede dopo l'altro».

Altri occhi, invece, brillavano d'ira o di paura. Pochi, però. La maggior parte erano occhi che non avevano più niente da dire, perché i cuori erano vuoti e stanchi.

# 21

## *Un nuovo Luogo*

LA TRIBÙ SI TROVÒ DAVANTI il Grande Fiume Gonfio Di Acqua all'improvviso. Del resto non avrebbero potuto scorgerlo da lontano, perché l'aria era piena di nevischio, che il vento mescolava e scagliava da tutte le parti. Fu una sorpresa anche per Kiroi: i rigagnoli che l'avevano preparato all'incontro durante il suo primo viaggio solitario erano scomparsi, imprigionati da una rete di ghiaccio.

– Il Grande Fiume ci porterà al Lago Immenso E Generoso – esclamò Kiroi.

La Tribù, quel che ne restava, lo ascoltò a capo chino.

– Il cammino ora sarà più facile – cercò di rassicurarli Kiroi.

Proprio in quel punto Kiroi aveva trovato la zattera di tronchi che l'aveva trasportato a lungo, risparmiandogli tanti passi e tanta fatica. Molti tronchi affioravano qua e là dal fango indurito dal gelo. Nessuno però avrebbe potuto reggere il peso di uno di loro. E nessuno della Tribù sarebbe riuscito a rimanere aggrappato con le poche forze che gli rimanevano. Ma Kiroi ricordava bene che, da quel punto, tutt'intorno la pianura si stendeva morbida e amica.

La pianura infatti offrì molta legna secca per il fuoco della sera e cespugli carichi di bacche che la Tribù contendeva a uccelli e topolini. Qualche uccello riuscirono anche ad acchiapparlo. E il clima si era fatto più mite. I fiocchi si scioglievano al suolo in una fanghiglia appiccicosa.

Kiroi pensava che il peggio fosse passato e anche gli altri si guardavano intorno con occhi che la speranza rendeva più grandi. Ancora però dovevano affrontare una dura prova. Un mattino, all'alba, all'orizzonte comparvero i lupi. Erano lontani, e rimasero lontani per tutto il giorno, ma così, da lontano, seguivano la Tribù. La Tribù avanzava piano e quasi a ogni passo gli occhi si volgevano indietro, a ritrovare la linea disegnata dai corpi scuri degli animali. Gli uomini tenevano pronte lance e coltelli, anche se sapevano bene che i lupi per attaccare avrebbero aspettato il buio.

Raccolsero tutti i rami secchi che incontrarono sul loro cammino. Così appesantiti, procedevano ancora più lentamente. Ma il Fuoco salvò la Tribù. Quella notte i lupi si avvicinarono tanto che si vedevano i loro occhi gialli, ma non osarono oltrepassare il cerchio fiammeggiante che la Tribù si era creata tutt'intorno. Una fiera più audace delle altre, o più affamata, venne convinta a scappare via dal lancio di qualche tizzone ardente.

– Qui non c'è pericolo di incendiare la Foresta! – esclamò Makkro. – Il Fuoco è un alleato sicuro!

– Però divora tanta legna – gli fece notare Ranko.

Per fortuna il mucchio di rami e sterpi che avevano raccolto bastò. Fino all'alba la pianura rosseggiò del bagliore dei falò.

Pochi giorni dopo, la Tribù raggiunse la riva del Lago Immenso E Generoso.

L'inverno fu duro e qualcun altro ancora se ne andò, portato via dal Sonno Che Non Finisce Mai. Non ci fu il tempo per costruire delle capanne; prepararono invece piccole tende rivestite di pelli. Il Lago Generoso, però, non li lasciò mai senza cibo. Offriva alla Tribù pesci grandi e grassi, e colorati d'oro e d'argento lucente, così che era facile vederli dentro l'acqua trasparente e nessuna lancia falliva mai il bersaglio. Un Grande Fuoco, in mezzo alle tende, bruciava durante la notte e offriva calore e difesa. A quel Fuoco la Tribù offriva canti e preghiere. E ne offriva anche al suo fratello che viaggiava in cielo, il Sole.

Come aveva promesso Kiroi, non ci furono più Sacrifici Prima Del Tramonto.

– Il Sole non vuole la morte, perché ci dà la vita – ripeteva Kiroi a chi aveva nostalgia degli antichi riti o temeva la vendetta dello Spirito Della Foresta.

– Non ci sarà nessuna vendetta – ripeteva Kiroi, e infine gli credettero. Perché Kiroi li aveva guidati nel Lungo Cammino verso il Lago Immenso E Generoso e perché la Tribù prosperava.

Dopo un anno ci furono bambini nuovi e vennero accolti dentro solide capanne di legno, costruite con i rami sottili degli alberi che crescevano sulla riva del Lago Immenso e con i tronchi che la Foresta affidava al Grande Fiume perché li regalasse alla Tribù. La Foresta era una lunga linea nera che si indovinava all'orizzonte: lontano, ma non troppo. Kiroi ci andava, a volte. Lo Spirito Della Foresta lo accoglieva e sempre lo accompagnava con il suo soffio. Anche gli altri ci andavano, per cacciare e raccogliere bacche e frutti e per prendere la legna. Ma la vita della Tribù era ormai legata al Lago Generoso e tutto, o quasi, si svolgeva sulle sponde sabbiose, sotto lo sguardo del suo immenso occhio azzurro. La sua voce leggera accompagnava ogni momento della vita della Tribù e presto uomini, donne e bambini impararono a riconoscerla e inventarono dei canti da cantare insieme a lui, al ritmo del suo respiro.

E canti e danze accompagnavano la vita della Tribù. Bambini e ragazzi preparavano gli ornamenti, i bracciali per i polsi e le caviglie; poi tutti si dipingevano il volto con i colori dell'allegria e danzavano al suono dei tamburi. Oppure ascoltavano le antiche storie, così antiche che risalivano all'inizio del Tempo. Ma dopo un po' c'era sempre qualcuno dei più giovani che chiedeva: – La storia della Grande Migrazione! Voglio sentire la storia di Kiroi e della Grande Migrazione!

Allora Kiroi raccontava della sua Grande Impresa. Quella non era una storia antica e tanti se la ricordavano bene. Ma con il passare degli anni anch'essa si tinse di magia ed era sempre più difficile distinguere le parole del ricordo da quelle del sogno.

La Tribù imparò anche a leggere le parole scritte sopra la sua testa dai fuochi del cielo e qualcuna se la inventò. Si inventò i nomi dei pesci che mai prima aveva pescato e dei fiori mai

visti e dei venti che arrivavano dalla fresca distesa del Lago Generoso. Così la Tribù, stagione dopo stagione, prendeva possesso del suo nuovo Luogo.

# 22

## *Molti anni dopo*

AI BAMBINI INVECE la Tribù continua a dare i nomi dei padri e dei nonni. Li chiama Kerno, Ranko, Makkro... E, se sono femmine, Shaati, Nashi, Anaha...

Chi muore lascia il suo nome al primo nato, perché continui a portarlo in giro per il Mondo.

Un giorno, Kiroi e un Kerno di pochi anni sono in piedi, vicini, di fronte all'azzurra distesa del Lago Immenso E Generoso. Kiroi tiene la mano sulla spalla del bambino. Quel Kerno è suo nipote: il figlio di suo figlio Kerno, che se n'è andato tanto tempo prima, per colpa di una ferita infetta. Guardano a lungo, in silenzio, il Lago Immenso. Là in fondo, dove l'acqua incontra il cielo, l'azzurro lascia il posto a un filo d'oro.

– Là – grida Kerno indicando il filo d'oro.

Kiroi e Kerno aspettano che il tramonto colori l'acqua di giallo, di rosso e di arancione.

Quell'incendio liquido li incanta ogni volta.

– E dopo che cosa c'è? – chiede improvvisamente Kerno.

Kiroi non capisce.

– Dove? – chiede a sua volta.

– Là in fondo. Dopo il filo d'oro – precisa Kerno.

– Acqua – risponde Kiroi.

– Ma il Lago Generoso dove finisce? – domanda ancora Kerno.

– Il Lago Generoso non finisce mai – risponde Kiroi.

Lo dice con il tono solenne di chi sta rivelando la verità, ma Kerno non è convinto.

– Forse il Lago Generoso finisce, lontano lontano, e là c'è un altro Mondo – dice.

– E come sarebbe questo altro Mondo? – gli chiede Kiroi.

– Bello – risponde Kerno.

– Io sono salito sull'Albero Che Regge Il Mondo più alto di tutti, e ho guardato bene, ma ho visto solo acqua: una azzurra distesa infinita – gli spiega Kiroi.

– Forse da lassù non hai visto proprio tutto – dice Kerno.

– Se anche c'è un altro Mondo ancora, chi può arrivarci? Nessuno può camminare sull'acqua – gli fa notare Kiroi.

– Tu hai viaggiato sull'acqua. L'hai raccontato tante volte – replica pronto Kerno.

– L'acqua mi ha portato con sé – precisa Kiroi. – Ma il Lago Generoso ti riporterà sempre a riva, perché questo è il Luogo della Tribù e non un altro.

Per Kiroi quelle parole segnano la fine della discussione, ma Kerno ha ancora qualcosa da dire: – Forse un giorno riuscirò ad andare fin laggiù. Magari poi ci porto tutta la Tribù.

L'incendio dentro il Lago Generoso si è ormai spento e l'acqua si colora di nero e di viola. Il sole è già scomparso e Kiroi e Kerno recitano la Preghiera Della Sera.

– Ora corri alla capanna – dice Kiroi al bambino.

Lui invece si ferma sulla riva. Ancora non ha concluso la sua preghiera al Sole.

– O tu che cammini sicuro nel cielo, guida i passi della Tribù, quando sarà il momento, perché non smarrisca la via e giunga là dove hai preparato il suo Luogo – mormora. – E donaci ogni giorno luce e calore.

La prima stella è apparsa nel cielo un po' azzurro e un po' nero, proprio laggiù, sopra la linea dove l'acqua incontra il cielo, dove un giorno, forse, Kerno troverà un altro Mondo.

# *Indice*

# *Chi è Maria Vago?*

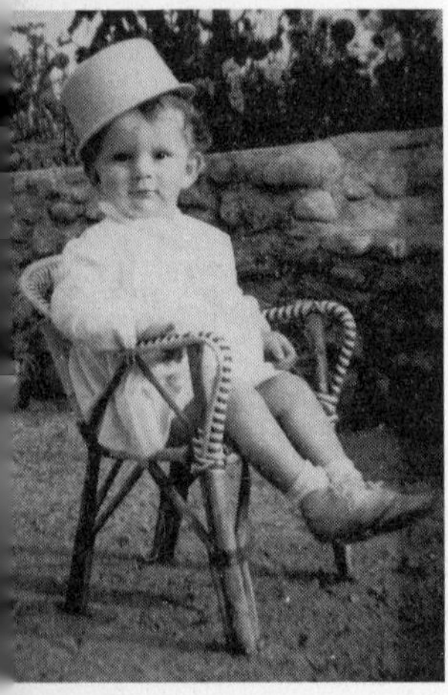

*Maria da piccola*

Sono nata a Bregnano, un paese della provincia di Como, all'incirca mezzo secolo fa, quando ancora si poteva fare la gara in bicicletta per le strade e costruire capanne nei boschi e giocare all'uomo nero, le sere di maggio, uno contro dieci e a volte anche venti. Mi piacevano i giochi movimentati, ma potevo stare ore intere con il naso dentro un libro. Le bambole invece non mi sono mai piaciute tanto. I bambolotti cicciotti come neonati supernutriti li dimenticavo presto da qualche parte; quelle piccole, vestite con i costumi delle regioni italiane, le spogliavo, tagliavo loro i capelli e le rivestivo in modo più adatto per recitare nelle storie che inventavo e che mettevo in scena solo per me, di solito scatenate avventure.

Siccome da bambina mi piaceva sia leggere sia disegnare, non sapevo se da grande volevo fare la scrittrice oppure l'illustratrice. Poi crescendo ho capito che ero più brava con le parole che con i colori, perché mi veniva facile trovare le parole per dire proprio quella cosa che avevo in mente, mentre i miei disegni non erano mai esattamente come li avrei voluti. Ho lasciato perdere pastelli e pennelli, però sono un po' invidiosa di chi fa di mestiere l'illustratore. Ma sono molto contenta di scrivere libri per bambini. Inventare una storia è bellissimo, anche se scrivere è una fatica. Invece quando leggi ti diverti sfruttando la fatica che ha fatto qualcun altro. Io, che sono un po' pigra, passo molto più tempo a leggere che a scrivere. Raccontare di Kiroi comunque mi è piaciuto molto, mi sono emozionata. Avrei voluto essere al suo posto, specialmente quando sale su, su, fino in cima ai grandi alberi, altissimi e profumati. Il mio sogno è una casa tra i rami, dove addormentarmi cullata dal vento. Se non ho paura dei fulmini? Certo che sì: ma quando arriva il temporale scendo e mi rifugio in una grotta.

*Maria Vago con Leon*

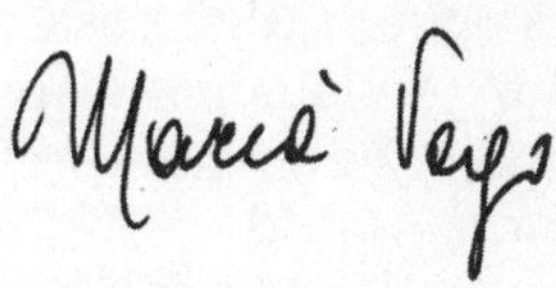

# *Chi è Simona Bursi?*

*Simona a sei anni*

All'asilo mi descrivevo così: ho gli occhi marroni, i capelli marroni, un po' lunghi, ma anche un po' cortini, mi piace giocare con mia sorella con la Barbie, guardare i cartoni animati e mi piace la pastasciutta *molto... molto... molto*. Sono passati trent'anni ma le cose non sono cambiate per niente!

Beh, una cosa sì: ora i cartoni animati non solo li guardo ma li faccio anche! Ho studiato alla scuola del libro di Urbino, dove ho imparato a disegnare, poi sono andata a lavorare a Milano e, tra le altre cose, ho realizzato una serie televisiva a cartoni animati intitolata "I Bibi". Dopo una decina d'anni a Milano sono tornata a vivere a Fano, la mia città. Qui si vive bene, vado al mare, disegno al computer, faccio la mamma, ogni tanto cucino... Che cosa mi riesce meglio? Ovviamente la pasta, che è sempre il mio piatto preferito!

*Simona*

# Ti è piaciuto questo libro?
# Allora puoi leggere anche:

Henrietta Branford

**Libertà per Lupo Bianco**

Questa è la storia appassionante di un cucciolo di lupo bianco: per Jesse è un compagno di giochi; per Jim, suo padre, è un prezioso alleato per difendersi dagli indiani; per gli indiani, invece, è una creatura leggendaria, dotata di poteri magici. Ma Lupo Bianco sogna la libertà...